BORDIGHERA POETRY PRIZE 11

Heart Murmur

poems by

Michael LaSorsa Steffen

Soffio al Cuore

traduzione di

Paolo Ruffilli

Bordighera Press

Library of Congress Control Number
2009909328 (softcover)

The Bordighera Poetry Prize
is made possible by a generous grant from
The Sonia Raiziss-Giop Charitable Foundation.

© 2009 by Michael LaSorsa Steffen and Paolo Ruffilli

Cover art: "Heart Murmur" by Jan Selving. Acrylic on paper.
Cover design by Deborah Starewich.

All rights reserved. Parts of this book may be reprinted only by written permission from the author, and may not be reproduced for publication in book, magazine, or electronic media of any kind, except in quotations for purposes of literary reviews by critics.

Printed in the United States.

Published by
BORDIGHERA PRESS
John D. Calandra Italian American Institute
25 W. 43rd Street, 17th Floor
New York, NY 10036

BORDIGHERA POETRY PRIZE 11
ISBN 978-1-59954-012-2 (softcover)
ISBN 978-1-59954-013-9 (hardcover)

Heart Murmur

☙

Soffio al cuore

Acknowledgments

Grateful acknowledgment is made to the editors of the following publications in which some of these poems first appeared, sometimes in slightly different forms:

Argestes: "I Fell Down," "The Rapture"; *Branches*: "Shiver"; *Broken Bridge*: "The Guy Who Followed the Beatles"; *Buckle &*: "Equations"; *The Chaffin Journal*: "Dreaming Arizona"; *Cave Wall*: "Matin," "A Gradual Loss of Light"; *Chest*: "Pain Bears"; *Connecticut River Review*: "Life of the Weak-Willed"; *Dos Passos Review*: "Star Stuff"; *Dragonfire*: "Vengeance"; *Drexel Online Journal*: "In the Nursing Home, Mitty Remembers His Childhood"; *Feelings*: "A Chunk of Pyrite"; *Italian American Writers.com*: "The Rapture"; *Pavement Saw*: "Tequila Sunrise"; *Perigee*: "Premature Gods"; *Poet Lore*: "Grünewald's Body of Christ;" *Open Stage*: "Still Point"; *Revolve*: "Heaven"; *Rhino*: "Get a Life"; *Sea Change*: "Reliquary"; *Tar Wolf Review*: "Cars," "To the Contrary"; *Two Review*: "Pre-Op"; *Verdad*: "Creative Loafing," "Close Enough"; *Ward 6 Review*: "Word Problem."

Additionally,
"If We Were Trees" appeared in the anthology *Palpable Clock: 25 Years of Mulberry Poets* (University of Scranton Press).
"Heaven" also appeared in *Square Lake*.
"Reliquary" was also a semi-finalist in the 2002 *Dallas Poets Community Poetry Contest*.
"Specialties of the House" appeared in *Tar Wolf Review* as "Meat—A Short History of Meat."
"Cows" appeared in *Verdad* as "Cows, With Your Eyes Closed."
"A Gradual Loss of Light" also appeared in *Wild Goose Poetry Review*.
"The Guy Who Followed the Beatles" also appeared in the *Connecticut River Review*.
"Premature Gods" also appeared in *Tonopah Review*.

Thanks to the Pennsylvania Council on the Arts and the Sonia Raiziss-Giop Foundation without whose generosity this book would not have been published.

Ringraziamenti

Sentiti ringraziamenti vanno agli editori delle pubblicazioni in cui alcune di queste poesie sono apparse per la prima volta, talune in forma lievemente diversa:

Argestes: "I Fell Down," "The Rapture"; *Branches*: "Shiver"; *Broken Bridge*: "The Guy Who Followed the Beatles"; *Buckle &*: "Equations"; *The Chaffin Journal*: "Dreaming Arizona"; *Cave Wall*: "Matin," "A Gradual Loss of Light"; *Chest*: "Pain Bears"; *Connecticut River Review*: "Life of the Weak-Willed"; *Dos Passos Review*: "Star Stuff"; *Dragonfire*: "Vengeance"; *Drexel Online Journal*: "In the Nursing Home, Mitty Remembers His Childhood"; *Feelings*: "A Chunk of Pyrite"; *Italian American Writers.com*: "The Rapture"; *Pavement Saw*: "Tequila Sunrise"; *Perigee*: "Premature Gods"; *Poet Lore*: "Grünewald's Body of Christ;" *Open Stage*: "Still Point"; *Revolve*: "Heaven"; *Rhino*: "Get a Life"; *Sea Change*: "Reliquary"; *Tar Wolf Review*: "Cars," "To the Contrary"; *Two Review*: "Pre-Op"; *Verdad*: "Creative Loafing," "Close Enough"; *Ward 6 Review*: "Word Problem."

Inoltre,
"If We Were Trees" era inserita nell'antologia *Palpable Clock: 25 Years of Mulberry Poets* (University of Scranton Press).
"Heaven" pubblicata in *Square Lake*.
"Reliquary" è stata anche semifinalista nel 2002 *Dallas Poets Community Poetry Contest*.
"Specialties of the House" pubblicata in *Tar Wolf Review* as "Meat–A Short History of Meat."
"Cows" pubblicata in *Verdad* come "Cows, With Your Eyes Closed."
"A Gradual Loss of Light" pure pubblicata in *Wild Goose Poetry Review*.
"The Guy Who Followed the Beatles" anche pubblicata nella *Connecticut River Review*.
"Premature Gods" anche pubblicata in *Tonopah Review*.

Ringraziamenti vanno al Pennsylvania Council on the Arts senza la cui generosità l'edizione di questo libro non sarebbe stata possibile.

*I am deeply grateful to the late Eugene Monick for his thoughtful insights,
to Jan Selving for her generous feedback and unflagging support,
to Pam Bernard for helping me rediscover my voice,
and to my teachers–Robin Behn, Nancy Eimers, Natasha Sajé and Ralph Angel–
for their kind and careful guidance.*

To these seven, this book is dedicated.

*Sono profondamente grato al defunto Eugene Monick per la sua notevole perspicacia,
a Jan Selving per le sue generose informazioni ed il suo instancabile supporto,
a Pam Bernard per avermi aiutato a riscoprire la mia voce,
e ai miei maestri–Robin Behn, Nancy Eimers, Natasha Sajé e Ralph Angel–
per la loro gentile e affettuosa guida.*

A questi sette, questo libro è dedicato.

*Sometimes the light's all shining on me.
Other times I can barely see.
Lately it occurs to me
what a long strange trip it's been.*

— The Grateful Dead

Qualche volta la luce splende pienamente su di me.
Altre volte non posso appena vedere.
Da tempo penso a come sia stato
un lungo strano viaggio.

– Grateful Dead

Contents

ONE: Indulgences

Hope	18
Salvation	20
Vengeance	24
Specialties of the House	28
Life of the Weak-Willed	30
Heaven	32
Pre-Op	34
Pain Bears	38
Grünewald's Body of Christ	40
I Fell Down	44
A Gradual Loss of Light	46
Tequila Sunrise	48
Dreaming Arizona	52

TWO: Like God

Matin	56
Spacious Skies	58
The Rapture	60
Like God	64
Equations	68
String Theory	70
Star Stuff	72
A Chunk of Pyrite	74

Indice

UNO: Indulgenze

Speranza	19
Salvezza	21
Vendetta	25
Specialità della casa	29
Un uomo senza forza di volontà	31
Cielo	33
Pre-intervento	35
Orsetti terapeutici	39
Il corpo di Cristo di Grünewald	41
Sono crollato	45
Graduale perdita di luce	47
Alba Tequila	49
Sognando Arizona	53

DUE: Come Dio

Mattino	57
Spaziosi cieli	59
L'Estasi	61
Come Dio	65
Equazioni	69
Teoria dell'acchito	71
Sostanze celesti	73
Un grosso pezzo di pirite	75

THREE: VICISSITUDES

In the Nursing Home, Mitty Remembers His Childhood	78
Get a Life	80
Cows	82
Creative Loafing	84
To the Contrary	86
Cars	88
Word Problem	92
Metal	94
The Guy Who Followed the Beatles	98
Between Lyrics	100

FOUR: HARD PASSAGE

Shiver	104
Premature Gods	108
If We Were Trees	110
Schiele's Flesh	112
Hard Passage	114
Reliquary	116
Still Point	118
Close Enough	120

Notes	122

TRE: Vicissitudini

In clinica, Mitty ricorda la sua infanzia 79
Fatti una vita 81
Mucche 83
Ozio creativo 85
Al contrario 87
Automobili 89
Problema di parole 93
Metallo 95
Il tipo che veniva dopo i Beatles 99
Tra le canzoni 101

QUATTRO: Passaggio difficile

Brividor 105
Dei prematuri 109
Se noi fossimo alberi 111
Carnalità in Schiele 113
Passaggio difficile 115
Reliquario 117
Punto morto 119
Vicino abbastanza 121

Note 123

ONE
INDULGENCES

UNO

INDULGENZE

Hope

I read somewhere that
all the crime in the world is committed
by two percent of the population,
all the rapes, the murders, embezzlements,
burglaries. And yet,
because so many churches, temples
and mosques sit empty,
and galleries and museums,
and because the news is filled with mass graves,
I am not consoled.
Is there so little faith? Is mercy just
an itinerant flame, and love
a mute stumbling?
I am worried when I should be comforted.
Who among the ninety-eight percent of us
can be trusted? All the gods are spoken for.
And I am uncertain.
I know I should stop wasting time and get to a point.
But I don't know the point. Maybe
these words are my last defense against it,
and I must vow to go
wherever they go, if only for a few minutes,
a few hours, perhaps, to browse
the eight miles of dusty bookshelves in the Strand,
where I only look for thick, rambling,
hard-to-pin-down tomes–
Wyatt, whom I love,
and other people's histories–
because I'm trying to forget my life.
But there's no end to regret,
which is why I'm willing to be helped,
and why I'm willing to be led
to what I think is the gist. Hope.
What I know about it
could fit in a thimble. For me, it gathers slowly,
like frost on a window,
and glistens. Maybe that's enough.

Speranza

Ho letto da qualche parte che
a compiere ogni crimine nel mondo
è il due per cento della popolazione,
ogni sequestro, omicidio, furto,
scasso. E ancora,
per il fatto che tante chiese, templi
e moschee restano vuoti,
e gallerie e musei,
mentre i giornali sono pieni di morti ammazzati,
io sono sconsolato.
È così tanto piccola la fede? La misericordia
è una fiamma che non trova asilo, e l'amore
un balbettio sopito?
Mi sento preoccupato e ho bisogno di un conforto.
Chi tra il novantotto percento di noi
può essere ottimista? Tutti gli dei ne sono testimoni.
E io sono incerto.
So che dovrei smetterla di perdere tempo, e arrivare al punto.
Ma non conosco il punto. Forse
queste parole sono l'ultima difesa possibile,
e devo ripromettermi di fare
come gli altri, anche per pochi minuti,
poche ore, forse, gironzolare
tra le otto miglia di scaffali polverosi nella Strand,
dove da solo cerco grossi e sconnessi tomi
duri da decifrare –
Wyatt, che amo,
e altre storie di popoli –
per tentare di dimenticare la mia vita.
Ma così non finisce lo scontento,
perché ancora spero in un soccorso,
perché ancora spero di essere guidato
verso ciò che ritengo essere l'essenza. La speranza.
Quello che so di lei
può a malapena entrare in un ditale. Credo che si raccolga
piano piano, come brina sul davanzale,
e luccichi. Forse questo può essere abbastanza.

Salvation

My mother's aunt died on All Saint's Day.

I feel the impulse to guide her soul to heaven, a journey the Passionists say could
    [be eased
by a small donation, a one-year membership in something they call
the *Perpetual Remembrance Guild*.

Hard to believe my pocket change could buy anyone's eternal salvation, but then
who knows the going rate for a soul?

And what is the body worth? Broken down into fluids and tissues,
forty million, give or take; our marrow alone is twenty-three thousand a gram.
Based on insurance studies, a lung could fetch a hundred thousand, if you dickered.
    [A heart–
less than half that amount.

Women's eggs are costlier than sperm.
Thirty-two pre-mitotic discs plucked from their spillways over eight years would
    [garner
a quarter million. To earn the same amount,
a man would have to ejaculate twelve times a month into a plastic cup for twenty
    [years.

The real cash is in raw materials—organs and extractable parts.
A motivated donor could earn a thousand a year just on hair, woven into doll
    [coiffures.
Blood banks pay twenty bucks a pint. Even urine has a niche,
as the tainted who fail drug tests seek out pure samples.

Salvezza

La zia di mia madre è morta il giorno di Tutti i Santi.

Ho sentito l'impulso di spingerne l'anima su in cielo, un viaggio che I Passionisti
    [dicono potrebbe essere facilitato
attraverso una modesta donazione, un anno di iscrizione a qualche cosa che
    [loro chiamano *Corporazione della Memoria Eterna*.

Pare incredibile riuscire ad acquistare l'eterna salvezza di qualcuno con i miei pochi
    [spiccioli, e inoltre chi può
mai sapere il prezzo corrente per un'anima?

E qual è il valore di un corpo? Diviso tra fluidi e tessuti,
quaranta milioni, prendere o lasciare; solo il nostro midollo è valutato ventitre mila
    [al grammo.
Sulla base di studi di compagnie assicurative, per un polmone si potrebbe
    [spuntarne cento mila, se sai mercanteggiare.
Un cuore –
meno della metà dell'ammontare.

Gli ovuli delle donne sono più cari dello sperma.
Trentadue cellule pre-mitotiche raccolte dalle loro sedi dopo gli otto anni
    [potrebbero ammucchiare
un quarto di milione. Per ottenerne la stessa quantità,
un uomo dovrebbe eiaculare dodici volte al mese per trent'anni dentro un bicchiere
    [in plastica.

Il contante però si può trovare nella materia viva – organi e parti asportabili del
    [corpo.
Un donatore ben motivato potrebbe guadagnare un migliaio l'anno solo con i
    [capelli, acconciati in parrucche per le bambole.
La banca del sangue paga venti dollari alla pinta. Anche l'orina ha un suo valore
    [per chi non superi i test antidoping e vada in cerca di un campione puro.

How much should I donate for a year's worth of mass cards adorned with the ever-suffering Christ? The Lord stares at me with mournful eyes.

I settle on sixty dollars and all the change in my pocket.

E quanto dovrei offrire per ottenere la tessera annuale impreziosita dall'immagine del sempre-sofferente Cristo? I Lords mi guardano con una faccia da funerale.

Mi oriento su sessanta dollari e in più tutti gli spiccioli che ho in tasca.

Vengeance

Barbie is the queen of bulging closets,
of swank and plastic chattel—
dune buggy, motorhome, Corvette, townhouse ...

She's a model, doctor, astronaut;
she has a body that never needs
maxi-pads or birth control, and Ken

had been her boyfriend for forty-three years.
I was seven when my sister insisted
I play him in her "Dream Wedding,"

and I first discovered the darker pleasures
of dressing up Ken in Barbie's clothes.
Years later, I filched the dolls from her closet,

drilled a hole into Barbie's pelvis,
a similar one into Ken's,
and slid in a plastic tube,

made them both do "it."
But their sex left me cold when Ken dismounted
and Barbie kept his penis.

When they did it a second time,
the tubing slid inside Barbie
and rattled when I shook her.

Merciless in her lust,
the *Vagina Dentata,*
a "Devouring Manhood Barbie,"

Vendetta

Barbie è la regina dei salotti supergonfi,
della moda ostentata, di tutto ciò che è plastica –
fuoristrada, autosaloni, Corvette, ritrovi di città…

Lei è una modella, dottore, astronauta;
ha un corpo che non ha bisogno
di maxi-imbottiture o anticoncezionali, e Ken

è stato il suo boyfriend per quarantatre anni.
Avevo sette anni quando mia sorella mi ha convinto
a fare Ken nel suo "Matrimonio di Sogno",

ed ho scoperto per la prima volta il sadico piacere
di vestirlo con gli abiti di Barbie.
Dopo qualche anno, ho sgraffignato le bambole dal suo armadio,

ho fatto un buco nel pube di Barbie,
un altro eguale in quello di Ken,
ci ho infilato un tubo di plastica

e poi gli ho fatto fare "quella cosa".
Fui deluso dal loro accoppiamento, Ken si staccò
ed il suo pene lo lasciò da Barbie.

Quando lo fecero una seconda volta,
il tubo si è perduto dentro Barbie
e tintinnava mentre la scuotevo.

Spietata nella sua lussuria,
la *Vagina dentata,*
una "Barbie divoratrice di membri",

I took her out to the train tracks and tied her to a stick.
She was difficult to burn,
but I kept lighting matches on behalf of Ken,

and all future Kens,
until her perfect breasts caught fire
and she'd been rendered a bubbling mass of pink.

la portai sino ai binari del treno e la legai ad un palo.
Non è stato facile bruciarla,
ma usai i fiammiferi nell'interesse di Ken,

e di ogni altro futuro Ken,
finché i suoi seni perfetti presero fuoco
e lei divenne una gorgogliante massa rosa.

Specialties of the House

Sometimes my grandmother dressed up meat in lace and soft frilly things,
garnishing her "Lamb Castrato" with little paper skirts. The recipe, I later learned,
dates back to the Middle Ages, food the rich imposed on the poor, viscera
the nobles launched over their castle walls salvaged by the peasantry.
Blackbird pies were all the rage back then, and bachelor cakes stuffed,
for the sake of theater, with live animals, later slain then roasted.
The chef of the Gonzaga of Mantova prided himself on such dishes, demanding
something more from his guests–that they actually kill the game.
And when they did, he'd prepare and present it in its living form:
pies shaped like upright eagles, peacocks arranged as in life, perfume wafting
from their beaks, epigrams placed between their legs, amid marzipan statues
   [of boars.
Had my grandmother sat beside the Gonzaga, she'd have smiled at these
concoctions. When she served cocktail franks in tomato aspic,
or thin slices of creamed prosciutto, she impaled them on toothpicks,
in vodka cream sauce, with a side of cream, a blurry ragout of viscous tissue,
a kind of not-meat. She crammed green peppers with hamburger. The fatty upside
of her pot roast looked like something she'd scraped off a car engine.
Ham hocks and bratwurst swam in grease, chicken croquettes in gravy.
Pigeons curled in casseroles, spooning each other in death, a scrum of moist squab,
her veal ring best washed down with gallons and gallons of beer.
I loved it. When it came to her head cheese, I chalked it up to something
Cambrian, dissection gone awry, and rolled up my sleeves.

Specialità della casa

Qualche volta mia nonna decorava la carne con fiocchi e leggeri nastri increspati,
guarnendo il suo "Agnello Castrato" con piccole strisce di carta. L'usanza, l'ho
    [saputo più tardi,
risale al Medio Evo, allora i poveri vivevano di avanzi, quando i nobili lanciavano
dalle mura dei castelli le viscere che i paesani raccoglievano.
A quei tempi andavano di moda i pasticci di merlo, e, per fare scena, torte stupende
con dentro degli animali vivi, in un secondo tempo uccisi ed arrostiti.
Il cuoco dei Gonzaga di Montova si vantava di fare questi piatti, pretendendo
dagli ospiti un qualcosa in più – loro stessi dovevano fornirgli la selvaggina.
E quando lo facevano, la preparava e poi la presentava come se fosse viva:
gazze modellate come aquile in piedi, pavoni, profumo che emanava
dai loro becchi, epigrammi tra le loro zampe, tra statue di cinghiali in marzapane.
Se mia nonna fosse stata alla tavola dei Gonzaga, sicuramente avrebbe riso di fronte
    [a questi
artifici. Lei serviva generosi cocktail con aspic al pomodoro,
o sottili fette di prosciutto glassato che infilava negli stuzzicadenti
con salsa di vodka, con la crema da un lato, un sugoso morbido ragout,
una specie di carne-noncarne. Riempiva i peperono verdi con la carne tritta.
La parte grassa dsel suo arrosto sembrava che fosse appena uscito da un motore.
La fesa di vitello e i wurstel che nuotavano nel grasso, le croquette di pollo.
I colombi rosolati in casseruola, aspersi con salsine nella morte, una mischia di
    [piccioncini in umido,
le sue costolette di vitello annaffiate da galloni e galloni di birra.
Amavo tutto questo. Quando arrivava il suo maiale in crosta, lo incidevo in maniera
    [primordiale, dissezione imperfetta, quindi arrotolavo le mie maniche.

Life of the Weak-Willed

You opt for a breakfast
you can harden your arteries in peace with—
bangers and eggs, a pint of Guinness—

because you find yourself craving
what you've always hated having to give up:
grease and a good beer buzz
as you work through your own version
of the "seven deadlies,"
lighting the cigar you pinched
last night from *Smokin' Joes*. It's all good—

this life of the weak-willed—
barrooms, ashtrays, quilted vinyl,
frank dishonesty with assorted women,
                                                  because
if you could live, brief as your life might be,
within the halls of excess, you'd be free
from the sleeve-tugging torment of awareness,
its nagging *don'ts* and *do's*,
your inner voice homing in
words that secure your bondage, *Do you know that
if you don't stop, you'll kill yourself?*
Yes. Yes I do.

Un uomo senza forza di volontà

Tu scegli una prima colazione
che indurisce le arterie in santa pace –
uova e salsicce, una pinta di Guinness –

tu hai la vocazione di volere
quello che hai sempre odiato rinunciare
grassi e una buona birra da scolare
come se lavorassi alla tua personale versione
dei sette peccati mortali
la scorsa notte da Smoking's Joes. Va bene –

questa è la vita di uno smidollato –
bar, posacenere, divani imbottiti,
franca disonestà con tante donne,
                                        perché
se tu potessi vivere, quel poco della vita che ti resta,
immerso nella sala degli eccessi, potresti liberarti
dall'ansia del rimorso che tira per la manica,
di quel suo fastidioso *lo faccio* o *non lo faccio*,
dalla voce interiore che ammonisce
contro la tua sicura schiavitù, *Ma lo sai che
se non dici basta, ti ucciderai da solo?*
Sì. Sì. Lo so.

Heaven

Each hour passes
the way your hours have always passed.
You stuff them

into clocks, day in, day out,
steer complaints,
one angry voice to the next,

debit, claim, adjustment,
fax, shuffled
ream and sheaf of redress, until

the hum of your blood grows louder,
the inner knot swells, finally
ruptures. You feel breath

luring you back, a muffled drum
thumping in your chest,
the cold sidewalk leveling,

back from the moon's jeweled tusk,
the basin of stars you held in your hands,
a banqueted sky familiar and vast,

a doctor's face leaning over you,
and then another, tilting light
into your eyes, your open mouth.

Cielo

Passa ogni ora
come è passata ogni tua altra ora.
Tu le accatasti

dentro gli orologi, tutti i giorni,
in mezzo alle proteste,
una voce alterata dopo l'altra,

debiti, reclami, compromessi,
fax, fogli
alla rinfusa e cataste di risarcimenti, finché

il ronzio del tuo sangue si fa più forte,
il nodo dentro di te si gonfia e finalmente
scoppia. Tu senti il tuo respiro

logorarsi, un sordo tamburo
batte nel tuo petto,
mentre ti accasci sul freddo marciapiedi,

dietro l'ingioiellata zanna della luna,
tenevi in mano la coltre delle stelle,
nella festa di un cielo familiare e vasto,

la faccia di un medico poggiata su di te,
e dopo un'altra luce che oscilla
sopra i tuoi occhi, sulla tua bocca aperta.

Pre-Op

It's midnight when the nurse's aid enters my room to shave my chest and legs, swab me with betadine. She is quiet, gentle. I feel her warm breath as she eases the electric shaver down my thigh. I follow her latexed hands, sponging and drying my skin, scrubbing away the blood left by needles. She tells me my doctor is very skilled, a good man, that I am lucky. As she wipes, I try to recite Thomas Merton's Prayer—*I have no idea where I am going. I do not see the road ahead*... I forget the rest of the words.

I know that in a few hours, he will divide my breastbone, peel back my flesh. A steel wedge will pry open my ribcage. My heart will stop beating. A machine will continue to pump my blood. It will be cleaned, oxygenated. The saphenous
 [vein
in my leg will be cut, one end grafted onto the aorta, the other sewn to an artery. This will be done four times.

I am breathing through my mouth. I imagine my mother hovering in the dark, but she is four-hundred miles away. My uncle enters the room, but how could that
 [be?
He's been dead seven years. Yet, there he is, holding a glass of Hancock's Reserve— smoky as the sweet taste of burnt caramel. I wipe my mouth with my hand. *Look Homeward Angel* lies open on my bed—dog-eared pages, a broken spine—
 [familiar
as some neighborhood restaurant where the food's just average, but once in a while the veal surprises.

At forty-nine, what I least expected: lying in starched, windowless light, doctors
 [ruffling

Pre-intervento

È mezzanotte quando l'aiuto infermiera entra nella stanza per radermi il petto e le
 [gambe,
frizionarmi con betadine. È calma, gentile. Sento il suo caldo respiro mentre passa
il rasoio elettrico sulle mie cosce. Seguo le sue mani di lattice spugnare e
asciugare la mia pelle, pulendola del sangue lasciato dagli aghi.Mi dice che il
 [dottore
è molto bravo, un buon uomo, e che sono fortunato. Mentre mi finisce di pulire,
 [provo a recitare
la Preghiera di Thomas Merton – *Non so dove sto andando, Non vedo la strada
innanzi a me…*
Non ricordo le parole successive.

Io so che tra poche ore mi spaccherà lo sterno, e mi aprirà la carne.
Un cuneo d'acciaio solleverà la mia gabbia toracica. Il mio cuore si fermerà. Una
 [macchina
continuerà a pompare il mio sangue che verrà pulito, ossigenato. Le vene occluse
della mia gamba saranno tagliate, una verrà innestata nell'aorta, le altre ad
 [un'arteria.
E tutto questo per quattro volte.

Sto respirando attraverso la mia bocca. Mi sembra di vedere mia madre aleggiare
 [nel buio,
ma lei è lontana quattrocento miglia. Mio zio entra nella stanza, ma come può
 [essere?
È morto da sette anni. Tuttavia è qui, con in mano un bicchiere di Hancock's
 [Reserve –
che sa di fumo come il dolce gusto del caramello bruciato. Mi pulisco la bocca con
 [la mano.
Look Homeward Angel è rimasto aperto sul mio letto – con le orecchie sulle pagine
e il dorso scollato – familiare come il ristorantino sotto casa dove il mangiare è
 [sempre eguale
ma alle volte il vitello ti sorprende.

A quarantanove anni, ecco cosa mi aspetta: disteso immobile, luce senza finestre,
 [dottori che arruffano le carte,

charts, nurses lifting me, hanging drip bags, crowding my bed with their forced
[cheer.
I can still hear that jumble of muscle beating, a moth fluttering inside my chest.
The gurney begins to move. Ceiling tiles zip past. Right turn, right turn, gradual
[slowing,
the bump and rise of an elevator. Someone says, "He's ready." Before I fade to black,
I see Dr. Zama, gowned and gloved, his scalpel poised above me like a beak. And
[now
I am floating in a rectangle of light, the white curtain of sky a hawk flies through.

infermiere che mi mettono seduto, attaccano flebo, riempiendo il mio letto
del loro forzato buonumore. Posso ancora sentire il pulsare dei muscoli, una falena
   [che fluttua nel mio petto.
La lettiga incomincia a muoversi. Scorrono le piastrelle del soffitto. Svolto a destra,
   [ancora a destra, rallentando,
sento il rumore di un ascensore che sale. Qualcuno dice, "È pronto". Prima del buio,
io vedo il Dr. Zama col camice e coi guanti, il suo bisturi posato su di me come
un becco rapace.
E adesso sto fluttuando in un rettangolo di luce, la bianca tenda del cielo e un falco
che ci vola attraverso.

Pain Bears

Recovering from bypass surgery, I slowly walk the hall
on the top floor of a hospital. I've been issued
a brown plush bear with a white t-shirt,
curved limbs, spoon-shaped paws and a booklet,
"The Care and Feeding of Sir Koff-A-Lot,"
which illustrates how I'm to use him as a cushion.
Press his back against your incision. This will exert a counterforce
that will ease the pain of your coughing. Doddering along,
dangling my bear by its feet, I peer through an open door.
A man is sitting on his bed—stone still, staring at the floor,
clutching a bear to his stitched chest, chin in its soft fur.
He sees me, and I nod. He nods back.
We wave our bears at each other. We smile.

Orsetti terapeutici

Ricoverato per l'intervento di bypass, percorro la sala
all'ultimo piano di un ospedale. Mi hanno dato
un orso bruno di felpa con una T-shirt bianca,
gambe storte, mani come cucchiai ed un libretto,
"Cura e Alimentazione di Sig. Tossisci Tanto,
con l'illustrazione per l'uso del cuscino.
*Premere la sua schiena contro la ferita. Ci si potrà attenuare
il dolore che provoca la tosse.* Avanzando a fatica, dondolando
il mio orsetto per un piede, guardo per una porta aperta.
Un uomo sta seduto irrigidito sulla sua panca e fissa il pavimento,
stringendo un orso al petto ricucito, il mento sopra il suo pelo soffice.
Lui mi vede, ed io gli faccio un cenno. Lui ricambia.
Agitiamo i nostri orsi nel saluto. E sorridiamo.

Grünewald's Body of Christ

The leaden face emptied.
And here, a wood-slivered arm,
the torso's bilious patina, toenails bleeding
like wineskins, the foot's gaunt curvature.
Mattias Grünewald paints
a syphilitic messiah, scabbed putrefact,
"mortal anthropos," like radical sex,
Christ dead from love–an altarpiece
for patients at the Isenheim hospice–
thousands thinned by a spirochete,
chancred, in white linen, lifted by monks
to face a polyptych–body, soul
and faith, the "suffering servant."
The gothic of St. Anthony's panel:
a gnome crouches, lumpish,
festered, his right foot webbed,
the only figure recognizably human,
his left hand clutching Anthony's breviary.
Syphilis came to Europe from Haiti,
the old story goes, spread
by Columbus' sailors (the Cardinal
of Gurk, a bishop coadjutor
longtime sufferers). Rumor had it
Henry VIII contracted the pox
from Cardinal Wolsey constantly
at his ear. Though sexual ailments
were commonly blamed on the French,
syphilis was known as the *Spanish evil.*
But in Grünewald's painting,
syphilis becomes a part of God–
ravaged, swollen and sordid–a Christ
who contains all–pneumocystis,
Kaposi's sarcoma, T-cells diminishing,

Il corpo di Cristo di Grünewald

Il viso inerte emaciato.
E qui, un braccio di legno-scheggiato,
la patina verdastra del torso, unghie sanguinanti
come otri, lo scheletrico arco dei piedi.
Mattias Grünewald dipinge
un messia sifilitico, incrostato putrefatto,
"uomo mortale", come un paradigma del sesso,
Cristo ucciso dall'amore – una pala d'altare
per i pazienti dell'ospizio Isenheim –
a migliaia scheletriti da una spirocheta,
ulcerati, avvolti nei lenzuoli, sollevati da monaci
davanti al corpo – polittico, anima
e fede, "il servo sofferente".
Il pannello gotico di Sant'Antonio:
uno gnomo accovacciato, grasso,
pustoloso, il piede destro palmato,
la sola parte con fattezze umane,
la mano sinistra che stringe il breviario di S.Antonio.
La sifilide giunse in Europa da Haiti,
diffusa, a quello che si dice,
dai marinai di Colombo (il Cardinale
di Gurk, vescovo coadiutore
ne sofferse a lungo). Corse la voce
che Enrico VIII contrasse la sifilide
dal Cardinale Wolsey sempre
al suo fianco. Nonostante che malattie veneree
fossero comunemente riscontrate in Francia,
la sifilide ebbe il nome di mal Spagnolo.
Ma nel dipinto di Grünewald,
la sifilide diventa una parte di Dio –
devastato, gonfio e sordido – un Cristo
che manifesta le pneumocisti,
la dermatosi di Kaposi, la carenza di cellule T,

each anonymous daughter and son—
a careful arrangement of muscle, of bone
fetus-curled in a mother's arms,
his gravecloth's fluttering drape,
a last brushstroke before the light fails.

ed ogni ulteriore bastarda progenie –
un'accurata combinazione di muscoli e ossa
avvolte tra le braccia della madre,
il drappo fluttuante del suo pesante mantello,
un ultimo colpo di spazzola prima
che la luce si spenga.

I Fell Down

The gut-punch that blocked my breath,
losing my starch to your upflung fists–
your answer to thirty years of coopering
box cars at nine bucks an hour.

I was afraid of everything I'd done,
of what you could do to me,
daring me to slug you so you could
lay me out, afraid of how my life
would change if I fought back–

a sullen truce interrupted by
a boot through a chair-braced door,
those last fierce synapses firing,
your right hook or my uppercut,
our rancor simply exhausting itself.

I was seventeen, terrified, but I loved you
with something that felt like hunger.

I fell down when you grazed me. I fell
when you measured me with your stiff jab.
I stared at your work shirt's grim sleeves
of grease, your hair flecked with sawdust,

and I fell down. Blood filled my mouth
each time you hit me and I hit the floor.
Red beads hung from your sideways knuckles
whenever I saw you–ragged, floundering.
To feel remade, you had to break me.

Sono crollato

Un colpo allo stomaco mi ha fermato il respiro,
piegato in due dai tuoi montanti –
il tuo ringraziamento per trent'anni di carro merci
riparati a nove dollari l'ora.

Avevo paura di ciò che avevo fatto,
di quello che avresti potuto fare a me,
sfidandomi a combattere per poi
potermi abbattere, paura di come sarebbe cambiata
la mia vita se avessi reagito –

una tregua minacciosa spezzata da un calcio
attraverso la porta fermata dalla sedia,
le ultime selvagge sinapsi eccitate,
il tuo uncino di destro o il mio uppercut,
il nostro rancore pian piano si svuotava.

Avevo diciassette anni, atterrito, ma ti amavo
come qualcosa che avesse a che fare con la fame.

Sono crollato quando mi hai colpito. Sono crollato
quando mi hai affibbiato il tuo jab inflessibile.
Guardavo il tuo giubbotto con le maniche unte
di grasso, i tuoi capelli sporchi di segatura,

e sono crollato. Il sangue mi riempiva la bocca
ogni volta che mi mandavi a terra.
Gocce rosse attaccate alle tue nocche
ogni volta che ti vedevo – infuriato, stanco.
Per tornare come prima, avresti dovuto rompermi.

A Gradual Loss of Light

All these restless vanishings—shadows
cross a field of bluestem, give up their
ground to frost in the narrowing day.
A random cumulous roll curtains the moon.
A star quickens. Geese are willed south
by thermals; green to gold, the hardwoods
turn, and sparrows desert a dark wire. Oak
is stacked on a neighbor's porch, enough
to fuel a winter's fire. Night unwinds its delicate
scroll, the white carnations of my breath.

Graduale perdita di luce

Tutte queste inquiete evanescenti ombre
che passano sul campo di sterpi azzurri, che lasciano
la terra al gelo del giorno che muore.
Passa uno strato di nembi e vela la luna.
Una stella s'affretta. Le oche vanno verso sud
in cerca di calore; il verde ingiallisce,
il bosco si trasforma, e il passero vola dal suo filo nero.
La quercia è accatastata nella veranda del vicino, quanto basta
al fuoco dell'inverno: la notte srotola la sua delicata
pergamena, i bianchi garofani del mio respiro.

Tequila Sunrise

> *The Eagles, 1973*

I was seventeen when I had sex for the first time.
A girl named Sondra left me breathless
in the basement rec room of her parents' split-level,
Glenn Frey's bittersweet libretto pulsing from Advent speakers
perched on a bookshelf above her father's
green vinyl couch where we groped and trembled.
I remember wondering
what the hell those lyrics meant,
Take another shot of courage.
The first time my pals and I got legally wasted together,
I made sense of that line.
Tossing back Southern Comfort from a paper-bagged bottle,
we combed East Buffalo's Delavan Avenue
in search of easy high school girls,
then later hitched a ride to Club 747,
where the bar lit up like a runway
and stewardesses in navy hotpants balanced drink trays,
while businesswomen and college up-and-comers,
dolled up in polyester and heels,
danced jubilant and untouchable. I wanted that one over there–
bleached-blond, mid-twenties, embroidered jeans–
a creature of exquisite taste,
way out of my league, unselfconsciously
mouthing choruses with her friends,
her body a magnet

Alba Tequila

The Eagles, 1973

Avevo diciassette anni quando ho fatto sesso la prima volta.
Una ragazza di nome Sondra mi lasciò senza fiato
nel salotto del sottosuolo della casa dei suoi genitori,
il libretto dolce amaro di Glenn Frey che vibra dai predicatori d'Avvento
in uno scaffale sopra il divano verde vinile
di suo padre dove noi abbiamo tremato e brancolato.
Ricordo che mi chiedevo
che diavolo volessero dire quei versi,
Prendi un'altra dose di coraggio.
La prima volta che all'età giusta io e i miei amici siamo andati insieme
a far baldoria, ho capito il senso della frase.
Bevendoci il Southern Comfort con una bottiglia avvolta nella carta,
abbiamo perlustrato la Delavan Avenue di East Buffalo
in cerca di studentesse facili,
più tardi abbiamo fatto un salto al Club 747,
dove il bar cominciava ad animarsi
e le cameriere in hotpants tenevano in equilibrio i vassoi delle bevande,
mentre donne d'affari e ragazze rampanti del collegio,
agghindate in poliestere e tacchi a spillo,
ballavano allegre ed intoccabili. Io volevo quella là –
biondo slavata, a metà dei venti, coi jeans ricamati –
una creatura di gusto squisito,
d'alta classe, che indifferentemente
chiacchierava con i suoi amici,
il suo corpo una vera calamita

of erotic fascination. Who was she,
this woman I didn't have the breeding,
much less the nerve to approach, and why,
after a few shots of Cuervo,
was I suddenly approaching–"Hi,
what's your name?"–clandestinely
checking my fly,
while I swooned in the attar of Jean Naté,
dizzying fluorescents and the 2 a.m. sonic din of disco.
We're all in it. Each one of us has to take
his own chance. *Every night when the sun goes down.*
Glenn's voice reverberated.
I bent my ear to her glossy lips and paused.
What else could I do?

di erotismo. Chi era,
non avevo l'abitudine, tanto meno il coraggio
di attaccare con quella donna lì, e perché,
dopo pochi bicchierini di Cuervo,
improvvisamente ci provavo – "Ciao,
come ti chiami?" – furtivamente
controllando la mia patta,
mentre mi sentivo svenire nel profumo di rose Jean Natè,
tra fluorescenze da capogiro e il baccano del disco alle 2.
Ci siamo. Ciascuno di noi deve cogliere
La sua occasione. *Every night when the sun goes down*.
La voce di Glenn che rimbombava.
Così ho accostato l'orecchio alle sue labbra splendenti e mi sono fermato.
Cos'altro mai potevo fare?

Dreaming Arizona

I feel rich,
the way this dream makes me feel—
Wendy Lavender—
I dream the salty taste
of her lips on my lips,
her thick, blond hair. She is Arizona,

red rock, diamondback,
mesa, canyon,
huevos, tortillas,
a lemon tree blazing in Yuma.

I've seen, through the tyranny of coal
and steel city lager,
a blond with the name *Lavender,*
Summer's straw hat. I'd trade
Autumn for desert dust in my jeans,
saguaro and sand.
I'd breathe Arizona at my doorstep,
hold her in my arms,
run my hands through her whitening sky.

Sognando Arizona

Mi sento ricco,
ecco come questo sogno mi fa sentire –
Wendy Lavander –
sogno il gusto salato
delle sue labbra sulle mie,
i suoi folti, biondi capelli. Lei è l'Arizona

roccia rossa, diamante raro,
mesa, canyon,
huevos, tortillas,
un albero di limoni che divampa a Yuma.

Ho visto, attraverso la tirannide
di una città lager di carbone e acciaio,
una bionda di nome *Lavander,*
un cappello di paglia per l'estate. Cambierei
l'Autunno per la polvere del deserto nei miei jeans,
cactus e sabbia.
Respirerei Arizona alla mia soglia
la terrei tra le braccia,
farei scorrere le mie mani sul suo cielo candido.

TWO
LIKE GOD

DUE
Come Dio

Matin

Firefly in the fading darkness.
A winged diamond.
One soul glows. At dawn,
a train whistles.
The screen door readies its argument.
A butterfly leaps
in a crow's glassy eye.
In the east, a gold dome blossoms.

Mattino

Lucciola nell'oscurità che va sbiadendo,
un diamante alato.
Un'anima risplende. All'alba,
un treno fischia.
È pronta a schiudersi la porta.
Una farfalla vola
nell'occhio cristallino di un corvo.
Ad oriente, sboccia una cupola d'oro.

Spacious Skies

Shocking to watch on tv
the moment the towers dissolved, all that dust
drifting down onto lower Manhattan,
the growing shade of a cloud, the myth of morning.

More shocking, still, the repetition
of all those dazed people stumbling
in the cratered streets and the great failing light,
all those scraps of paper fluttering in the breeze. Later,

I wept for Diane Urban, with whom I chatted briefly
at a party, when I learned she'd paused
in a stairwell to help a woman with a broken leg,
then plunged seventy-eight stories,

while I watched CNN, a hundred miles away,
the volume muted, and listened
to the geese fading from my window,
an acorn dropping on the wooden deck,
leaves burning as she fell.

Spaziosi cieli

Terribile a vedersi alla tv
l'istante in cui le torri svaniscono, tutta quella polvere
che cade giù sopra Manhattan,
l'ombra crescente di una nuvola, il mito del mattino.

Più terribile, ancora, rivedere
tutta la gente inebetita barcollare
tra i crateri aperti nelle strade e il grande affievolirsi della luce,
tutti quei fogli che volano nel vento. Più tardi,

ho pianto per Diane Urban, con cui avevo scambiato qualche frase
a un party, quando ho saputo che si era fermata
sulle scale per soccorrere una donna con una gamba rotta,
precipitata poi per settantotto piani,

mentre guardavo CNN, lontano un centinaio di miglia,
si è abbassato il volume, ed ho potuto ascoltare
le oche che lasciavano la mia finestra,
una ghianda cadere sul pavimento di legno,
le foglie che bruciavano mentre lei cadeva.

The Rapture

She watches their slow ascension–
helium balloons in the shape of seraphim
cut loose by a random gust.

The air is like the air after a fire,
and the arms of the angels are open
in perpetual praise to the god above

while another turn of wind whips them up,
and their shadows bob through early morning cornfields,
chevroned by the same hot breeze,

their purpose now raised
to another imminent waywardness
as this woman of devout faith and poor eyesight gazes

from the interstate, believing
what her parish priest recounted
in sermon after fiery sermon,

The end is near,
has finally come to pass,
that never again will there be

L'estasi

Lei guarda il loro lento risalire –
mongolfiere a forma di serafini
libere al capriccio del vento.

L'aria è come l'aria dopo un incendio,
e le braccia degli angeli sono aperte
in perpetua lode del dio che sta lassù

mentre un altro colpo di vento li spinge in alto,
le loro ombre oscillano nel campo di granturco nel primo mattino,
zigzagando nella calda brezza,

hanno preso di mira
per l'immediato prossimo capriccio
questa donna di fede devota e poca vista che li guarda

giù dalla statale, credendo
a ciò che il parroco aveva raccontato
in un sermone infuocato dopo l'altro,

La fine è prossima,
è finalmente giunto il momento di passare,
non vi saranno più

barriers between her and all her departed.
She can see they will be joined forever
and ride the white light of this last great morning

as death delivers up its dead.
The woman's car idles on the shoulder,
a door open to oncoming traffic.

Other cars swerve as she wanders across the interstate,
and further up the highway
a semi driver locks his brakes in a deafening screech,

leans on his horn.
In the moment he mows her down,
she becomes a sun-stricken body drifting across the sky.

barriere tra lei e i suoi morti.
Potrà vederli e resteranno sempre uniti
cavalcando la bianca luce di quest'ultimo mattino

in cui la morte libera i suoi morti.
L'auto della donna percorre piano il bordo della strada,
una porta aperta al traffico che arriva.

Altre macchine si immettono mentre lei percorre distratta la statale,
più avanti sull'autostrada
un camionista blocca i freni stridendo con fragore,

piegato sul volante.
In quell'attimo la falcia,
e lei diviene un corpo steso al sole che vaga verso il cielo.

Like God

My knowledge of math is limited
to a few arcane facts and the legend
                                 of Archimedes
sprinting from his bathhouse shouting
"I've found it, I've found it"
after solving the problem of volume.
I still can't balance my checkbook.
                                 In high school,
I poked at X's and Y's on the crowded chalkboard
but couldn't make them equal each other
—whole gangs of algebraic values
that never amounted to much,
leaning, with their stick arms folded,
against the dusty plus and minus signs.
                                 Flummoxed by Stoichiometry,
I arrived at calculations–
weights and measures of chemical compounds–only by chance,
                                                   exploding
beakers with mixtures
that often smelled like rhinoceros dung,
the chem lab reeking from my failed solutions.
                                      In college,
I even took a whack at Statistics
                              –Math's bastard child–
and learned

Come Dio

Tutto ciò che so di matematica si limita
a poche arcane storie e alla leggenda
                                       di Archimede
che esce dalla vasca gridando
"Eureka, eureka"
quando ha risolto il problema del volume.
Io ancora non riesco a far quadrare il libretto degli assegni.
                                                  Alle superiori,
brancolavo tra X e Y sulla lavagna piena di segni
senza essere capace di eguagliarli
– l'intera gamma dei valori algebrici
che non si equivalevano mai troppo,
piegati, con le loro braccia di gesso lì incrociate,
verso i polverosi segni di meno e più.
                                            Confuso dalla Stechiometria,
sono arrivato al calcolo –
pesi e rapporti dei composti chimici – solo per caso,
                                 quando è scoppiato
l'alambicco con tutta la mistura
che odorava come il letame di un rinoceronte,
ed il laboratorio fu infestato dalla mia improbabile miscela.
                                              All'università,
ho anche tentato con Statistica
                     – figlia bastarda della Matematica –
e ho elaborato

the probability of my passing the course
hinged on the freshness of batteries in
the calculator I secretly used
(And still, I owe my diploma to my professor's inexplicable curve).
                                                               I never got Math
exactly right–
all my approximations and bungled attempts
at solving its many theorems,
like divining blue entrails.

I don't believe
I would have grown into a happier man
had I balanced just one equation, because
                                        Math, to me, is
omnipresent, but not real. Like God.

che la probabilità di superare il corso
dipendeva dall'energia delle pile del
calcolatore che adoperavo di nascosto
(E ancora sono debitore del diploma all'incomprensibile curva del mio professore).
                                        Non ho mai capito la Matematica
del tutto esatta –
tutte le mie approssimazioni ed i miei pasticciati tentativi
di risolvere i suoi tanti teoremi,
come un vaticinare da oscure viscere.

Io non credo
che sarei stato un uomo più felice
se avessi risolto almeno un'equazione, perché
                            la Matematica, per me, è
onnipresente, ma non è mai reale. Come Dio.

Equations

Centered on the Commons, a blue plum tree,
white-blossomed. *Let there be three*

functions of an argument: x, y and a woman
eating a nectarine. *Let each be the function*

of a black feather floating in the breeze.
With the aid of equalities,

she finishes her fruit; with a napkin
wipes a perfect circle and then

the exquisite tangent of her neck,
begins to sing, the melody baroque.

In order to obtain an expression of x,
I must solve the infinitely complex

problem of the bluejays squawking
beneath the sill. "Baroque, baroque."

Let me substitute a value for 1-y,
then drowse the afternoon with her,

expressing other variables, and sleepily
counting every blossom on that heavy-limbed tree.

Equazioni

Là in mezzo in campo aperto, un albero di susine,
fiorì con fiori azzurri. *Siano tre*

le funzioni di un argomento: x,y e una donna
che mangia pesche noci. *E ognuna sia funzione*

di una piuma nera sospesa nel vento.
Con l'aiuto delle eguaglianze,

lei finisce il suo frutto; con un tovagliolo
netta un cerchio perfetto e quindi

la squisita tangente del suo collo,
comincia a cantare la melodia barocca.

Per ottenere un'espressione di x,
devo risolvere il problema infinitamente

complesso della ghiandaia azzurra che grida
sotto il davanzale. "Barocca, barocca".

Sostituito un valore per 1-y,
quando il pomeriggio si assopisce con lei,

espresse altre variabili, che con aria assonnata
sta contando ogni fiore sull'albero robusto.

String Theory

And then there are the physicists who believe
in a subtle bias—how the universe was born,
not through divine prestidigitation,
but something more than random collisions,
the void bunching into spinning spheres
and the earth just far enough from a star
hot enough to make its vapors rise
in precise, atmospheric balance—who believe
that a blind man has a better chance of solving Rubic's Cube
than the first atoms of the "Big Bang" had
of morphing into protoplasm, a crapshoot
of proteins, fish and lizards crawling
from the sludge, birds sheltered in trees,
and the apes, and those who first thought to coax
flame into comfort, utterance into fuel
that fed the intellect, etched the walls at Lascaux,
birthplace of the first question, the first image,
the glimpse of a purpose to every begotten cell
in the first galaxy to form beneath
the microscope's beholding eye.

Teoria del principio

E poi ci sono i fisici che credono
con sottile pregiudizio – che l'universo è nato,
non per divina prestidigitazione,
ma per qualcosa in più di casuali collisioni,
che il vuoto si è ammucchiato tra le sfere rotanti
con la terra lontana appena quanto basta da una stella
calda abbastanza da emettere quel tanto di vapore
per l'esatto bilancio d'atmosfera – c'è chi crede invece
che ha più possibilità un cieco di risolvere il Cubo di Rubic
di quanto ne avesse il primo atomo del "Big Ban"
di trasformarsi in protoplasma, in un bussolotto
di proteine, in pesci e lucertole che escono
dal fango, in uccelli al riparo sopra gli alberi,
e in api, e in quelli che per primi mutarono
la fiamma in un conforto, la parola in alimento
per l'intelligenza, e che incisero le pietre di Lascaux,
dov'è nato il primo perché, la prima immagine,
l'intuizione dello scopo per ogni cellula generata
nella prima galassia di formare quaggiù
l'occhio del microscopio che analizza.

Star Stuff

I love my daughter, but she has no patience.
She belongs to a generation beguiled
by novelty and split-second
permutations–*yes, no, stop, go*. To her,
the observable universe is a pre-show,
a movie of a movie, and the spiral curl we coexist in
a flash on the domed ceiling–a speck of calcium
mixed with iron, hard elements gathered
long ago in some crab nebula formed
in the Virgo Super Cluster, *the last line
of our cosmic address*. At the Hayden Planetarium,
I've watched her brush past
the *Scales of the Universe* walkway, cover
five billion years of the cosmos in mere seconds,
a hurried journey from the outer to the inner
reaches of her seat beneath the dark dish
where she sits with her best friend, Amanda,
two bodies of contradiction (One hates seafood,
but eats tuna, the other says
she likes children, but snipes at the young boy
next to her who won't sit still). At fifteen,
all my daughter really wants to be
is quietly entertained. She turns her
rapt gaze upward, staring at the simulated sky,
the hard, perfect stars.

Sostanze celesti

Amo mia figlia, ma lei non ha pazienza.
Lei appartiene a una generazione illusa
dalle novità e dagli istantanei
cambiamenti – sì, no, fermati, vai. Per lei,
l'universo visibile è un'anteprima,
un film di un film, e noi dentro un istante coabitiamo
la spirale verso la volta a cupola – un granello di calcio
mescolato con ferro, elementi duri uniti assieme
tanto tempo fa in qualche nebulosa formatasi pian piano
nel Super Ammasso della Vergine, *l'ultimo confine
del nostro cosmico indirizzo*. All'Hayden Planetarium,
l' ho vista oltrepassare le *Scale dell'Universo*, coprire
cinque bilioni d'anni del cosmo nel giro di secondi,
un frettoloso transito dall'esterno all'interno
per arrivare sotto il disco oscuro
dove lei siede assieme alla sua amica, Amanda,
due persone piene di contraddizioni (una odia il pesce,
ma mangia il tonno, l'altra dice
di amare i bambini, ma sbircia il ragazzo
lì vicino che resta ancora in piedi). A quindicianni,
quello che mia figlia vuole veramente
è solo divertirsi in santa pace. Lei volge il suo
estatico sguardo verso l'alto, fissando il finto cielo,
le dure stelle perfette.

A Chunk of Pyrite

Holes from hollow passageways mar
the exterior, erratic and skeletal,
its surface suggesting a canyon,
a cliff where a woman leaped,
her confused lover combing the hills
with a kerosene lantern flickering.
Inner chambers hint
at organ music, important

legislation. Hopelessly deceitful,
a lowly object of ambitious design,
its every virtue borrowed,
the gilded calf of the Israelites
in a cut-rate version of the Old Testament,
a low-cost option
for ornaments and idols.

If gold can lend its beauty
to a cow from Hebrew scripture,
pyrite is the metal of mongrels,
those of us stranded somewhere between
semi-precious and ordinary.

Un grosso pezzo di pirite

Buchi affioranti dalle porosità interne ne deturpano
l'aspetto, irregolare e scheletrico,
la sua superficie fa pensare a un canyon,
un dirupo in cui una donna si è gettata,
il suo disperato amante perlustra le colline
alla fioca luce di una lanterna al kerosene.
Le camere all'interno rimandano
alla musica di un organo, suggestivo

ordinamento. Irrimediabilmente falso,
modesto oggetto di forma ambiziosa,
ogni valore è stato preso in prestito,
il vitello dorato degli Israeliti
in una limitata versione dell'Antico Testamento,
un'alternativa economica
per ornamenti e idoli.

Se l'oro può prestare la sua bellezza
alla mucca della scrittura Ebraica,
la pirite è il metallo dei bastardi,
quelli di noi incagliati in qualche parte tra
comune e semiprezioso.

THREE

VICISSITUDES

TRE
Vicissitudini

In the Nursing Home, Mitty Remembers His Childhood

When did I become this dented can
drifting in the russet calm of a TV lounge,
a man of my age Dr. Renshaw put it,
squinting as he scribbled the prescription
for my new bifocals, my *obstreosis* throbbing?
Ask about the scar interrupting my brow,
and I'll tell you it was the first crack,
the days I pushed my tireless firetruck
over acres of imaginary flames,
a kind of *pocketa–pocketa* dead run
across my boyhood. It stopped
when the pavement yawed in New Milford
and swallowed me in a swan dive
over my hook-and-ladder.
I'd tell you how I yowled for my mother
not to come, unable to bear the withering
of her face as she bent over me
and the spreading slick on the front walk,
except none of it happened, I think.
New Milford was a billowing curtain,
my pajama years as Robinson Crusoe
when Dr. Benbow's stethoscope wheezed
at my back, his *breathe deep* mantra—or maybe
I was seven or eight and had always been
outside playing. As for the scar—
I've forgotten how it came (You know,
memory's irregular pulse).
But there's just so little to do here.

In clinica, Mitty ricorda la sua infanzia

Quando mai mi sono trasformato nel bidone ammaccato
che si trascina nella quiete noiosa di una sala TV,
un uomo della mia età buttò lì il Dr. Renshaw,
guardandomi di sbieco mentre scarabocchiava prescrizioni
per le mie nuove lenti bifocali e il mio strabismo turbolento?
Chiedimi della cicatrice che mi taglia il sopracciglio,
e ti dirò che è stato il mio primo incidente,
nei giorni che spingevo l'instancabile autopompa
su acri di fiamme immaginarie
una specie di mortale corsa buca su buca
nella mia fanciullezza. Si fermò
quando il selciato finì nel New Milford
e fui inghiottito con un tuffo da cigno
col mio carrello trappola.
Ti dirò come urlavo perché mia madre
non venisse, incapace di sopportare la sua faccia
appassita china su di me
e la scivolosa distesa del viale,
ma questo non accadde, almeno credo.
New Milford era una tenda ondeggiante,
i miei anni in pigiama come Robinson Crusoe
quando lo stetoscopio del Dr. Benbow
ansimava sulla mia schiena, il suo mantra *respira profondo* –
avevo forse sette o otto anni ed ero sempre stato
a giocare sulla strada. Circa la cicatrice –
non so più com'è successo (sai,
il ricordo ha un battito non regolare).
Ma c'è così poco qui da fare.

Get a Life

A guy at work steals hairbrush hair from his fellow
employees, and this reminds me of my own life's terrible
shortcomings just as the word "get" begins to settle
into the tiny part of my brain usually reserved for banal,
ambiguous references. Unlike "earn" or "claim," it's a
word used by insensitive people with small vocabularies.
Pronouncing nothing, it denotes no particular action or
state of being, fully non-committal, a word that sounds like
someone spitting off to the side. And the rest of the phrase,
chock full of implication, insult, impoverishment—an
expression reserved for people who like to encroach on
others. The very idea that a life could be sanctioned or
dismissed. We all know the woman who still lives with
her mother and collects coins from France. Okay, so she's
hit the bedrock of normalcy. No life, no matter how well
we might try to live it, could ever equal the beauty of our
own vision. She thinks if she could just walk out of her
self, she might enter another dimension, surrounded by
watercress and white lilacs as she walks across a lawn,
freshly mown, through colonnades and polished glass,
music drifting from within, carried on the breeze, so many
eminent guests eager to hear her story. She sweeps through
louvered doors into a room unlike her own.

Fatti una vita

Un tizio sul posto di lavoro ruba ai suoi compagni una spazzola da capelli, e questo mi riporta alla terribile inadeguatezza della mia vita ogni volta che la parola "prendere" comincia ad insinuarsi in quella piccola porzione del mio cervello abitualmente riservata a futili, ambigue allusioni. A differenza di "guadagnare" oppure di "rivendicare", è una parola usata da gente insensibile con un vocabolario limitato. Non è significante, non denota alcuna azione particolare o stato d'essere, assolutamente disimpegnata, una parola che suona come uno sputo a terra. E il resto della frase, pieno zeppo di implicazioni, ingiurie, immiserimenti – espressioni riservate a chi gode a schiavizzare gli altri. L'idea precisa è quella che una vita potrebbe essere autorizzata o licenziata. Ognuno di noi conosce una donna che ancora vive con la madre e fa collezione di monete francesi. Va bene, lei è vittima della durezza della normalità. Nessuna vita, non importa quanto bene possiamo provare a viverla, potrà mai raggiungere la bellezza dei nostri sogni. Lei crede che se solo potesse uscire da se stessa, potrebbe entrare in un'altra dimensione, circondata da ninfee e bianchi lillà mentre attraversa un prato, appena falciato, lungo filari di alberi e cristalli splendenti, con la musica che si diffonde intorno, portata dalla brezza, con tanti ospiti importanti ansiosi di ascoltare la sua storia. Incede maestosamente attraverso grandi portali in una stanza ben diversa dalla sua.

Cows

They have bells,
fantastic hides (black means death,

brown means birth).
Cattle egrets perch on shaggy rumps.

Mark their enthusiasm–
stationed

belly deep in clover,
testing fences, nudging calves,

choiring their low songs.
Doe-eyed, long-lashed,

they drowse in the swelling sun,
flank against flank, a palpable sweetness.

Live with them.
Absorb their customs– get up,

lie down, fourteen times a day,
breathe.

Stand in a pasture amid
the good and beautiful,

eyes closed, fingers tracing
the long slope from brow to nose,

their lyrelike horns.
Go where they go,

head to hindquarters.
Say nice things. *Ah, Daisy,*

back in my day,
disco was king.

Mucche

Loro hanno campane
una pelle fantastica (il nero ha il senso di morte,

di nascita invece, il marrone).
Bestiame lanuginoso disteso sulle natiche pelose.

Guarda il loro entusiasmo –
standosene lì ferme

con la pancia affondata nel trifoglio,
verificando lo steccato, dando una spintarella al vitellino,

cantando in coro le loro note basse.
Occhi da cerbiatto, lunghe ciglia,

sonnecchiano nel sole che s'ingrossa,
fianco a fianco, una dolcezza palpabile.

Stai con loro.
Assorbi il loro modo di vivere, –

distenditi, quattordici volte al giorno,
respira.

Stai in piedi nel foraggio tra
il buono ed il meraviglioso,

occhi chiusi, dita che tracciano
il pendio che giunge dalla fronte sino al naso,

le loro corna piene di poesia.
Vado dove vanno,

Dalla testa al loro posteriore.
Di cose graziose. *Ah, Daisy,*

back in my day,
disco was king.

Creative Loafing

> *Oh, immobility, death's vast associate,*
> *you are the still center around which we jog.*
>   – Stephen Dobyns

I think I'm hexamorous: if nothing else,
I love gimlets and jilted women and the Early Renaissance
and subjective idealism and sleeping late
and words like *glottal stop*
and *verdigris*. I can't remember names.
I call every man "Sir," because my brain
is full of stories and poems,
myths piled up in a heap,
yet all the heroes the night's constellations honor seem
unabridged, each according to his tale.
My critique of the stars is an argument
against their nightly industry.
Of course, I'm speaking of myself. Fact is,
when the show's over, I lie in bed each morning,
all morning, a supine tour de force.
And at my age, who could deny I need the rest?
"Never put off procrastinating"–
that's my *modus vivendi*,
which is why I have nothing left after taxes.
I am my own welfare state.
I'm studying herpetology (part-time),
because I need a new diversion, some-
thing to blame my lack of enterprise on, the fact
that gravity weighs so heavily against me.
My house is falling apart; a wooden fence surrounds it,
as if to contain my vicissitudes
grazing in their paddock.
I am groomed by ambivalence,
but of course, I can't be sure.

        for Rick Madigan

Ozio creativo

> *Oh, immobilità, grande compagna della morte,*
> *sei ancora il centro a cui giriamo attorno.*
> – Stephen Dobyns

Mi piacciono sei cose alla follia: quanto meno,
amo il gin fitz, le donne civette, il Primo Rinascimento,
l'idealismo soggettivo, andare a letto tardi
e parole come *occlusiva glottale*
e *verderame*. Io non ricordo i nomi,
io chiamo ognuno "Sir", perché ho la testa
piena di storie e di poesie,
miti ammucchiati a fare una catasta,
inoltre mi sembrano maestosi tutti gli eroi onorati dalle costellazioni
della notte, ognuno secondo la leggenda.
La mia critica alle stelle si limita soltanto
al loro mercimonio di ogni notte.
Ovviamente, io parlo per me. Il fatto è,
alla fine della fiera, che me ne sto nel letto ogni mattina,
tutte le mattine, in un supino tour de force.
E alla mia età chi potrebbe obiettare se ho bisogno di riposo?
"Mai rimandare procrastinando" –
questo è il mio *modus vivendi*,
e il motivo per cui non sono moroso con le tasse.
Io sono il mio proprio ministro del welfare.
Sto studiando erpetologia (part-time),
perché ho bisogno di nuovi interessi, qualche
cosa in me da biasimare è la mancanza di iniziativa, il fatto è
che la gravità mi opprime con un peso insostenibile.
La mia casa cade a pezzi; la circonda uno steccato,
come a costringere le mie vicissitudini
a pascolare chiuse in un recinto.
Io sono schiavo dell'ambivalenza,
ma ovviamente, non posso esserne certo.

A Rick Madigan

To The Contrary

Please listen, as our options have changed,
says the voice-recognition system. Just
by pressing buttons,
I can go where I want.
I'm told my call is important, so I wait
for the next available representative.
Then a voice says my call will be monitored
to ensure the quality of *their* service.
This is no longer about me.

Lois says she can help,
but in order to access my account she needs
names, dates, numbers ... I freeze up.
In the silence between questions, I can hear
the Quality Ensurer breathing.
I want to hang up, but I also want
a '69 Impala for a thousand down
at five percent interest. So at the end,

when Lois asks if I'm satisfied, I want to cooperate.
"Yes, definitely." And she tells me it'll be a week
before my check is mailed. And three weeks later,
when I call her back to complain
that I haven't received it, that I still don't own
the purest expression of speed—a mint
condition, white-striped, Body by Fisher,
Rochester four-barrel, 0 to 60 in 8 seconds,
cherry-red Impala—she puts me on hold—

Brenda Lee singing
I didn't know love could be so cruel.

Al contrario

Ascolti per favore, siccome sono cambiate le nostre condizioni,
dice la voce guida del sistema. Soltanto
pressando dei tasti,
io posso andare dove voglio
e poi mi dico che la chiamata è importante, così aspetto
il prossimo agente disponibile.
Quindi una voce dice che la richiesta viene controllata
a garanzia della qualità del *loro* servizio.
Questo non mi riguarda.

Lois dice che mi può aiutare,
ma riguardo all'accesso sul mio conto ha bisogno
di nomi, date, numeri.... Resto di gelo.
Nel silenzio tra una domanda e l'altra posso sentire
il respiro del Controllo di Qualità.
Io voglio riattaccare, però desidero
una '69 Impala per mille di caparra
al cinque percento di interessi. Così alla fine,

quando Lois mi chiede se sono soddisfatto, sento la voglia di collaborare.
"Sì, del tutto". E lei mi dice che passerà una settimana
prima che il mio assegno sia spedito. Tre settimane più tardi,
quando la richiamo per protestare
che io non l' ho ancora ricevuto, che ancora non possiedo
la pura espressione della velocità – come nuova,
a strisce bianche, Carrozzeria by Fisher,
doppio carburatore Rochester, 0 a 60 in 8 secondi,
Impala rosso ciliegia—mi mette in attesa—

Brenda Lee canta
I didn't know love could be so cruel.

Cars

    for David Mook

Tailfins, knobs and chrome extrusions,
glitz and bosomy curves, horizontal flashings,
sweepspear trim on a blue sky,
the dented leviathan I coaxed to work each morning,
a trio of chevrons and black smoke
billowing down Sycamore to Main
where I clerked for New York Telephone.
My best friend worked the swing shift
at Chevy's Stamping Plant
painting grilles and gilled tube elements.
Buffalo was a Chevy town—Bel Airs,
Impalas, Camaros, Chevelles—muscle cars—
Monte Carlos, V-8s, 4-barrel carbs,
hardtops with bench seats,
power-assisted, pimp whitewalls.
My first was a '69 Fury—
cop tires, cop suspension, dual cam. It cost me
a hundred bucks and leaked
transmission fluid, coolant, oil . . .
The engine seized on the sub-zero night
of January 3rd, 1977, the exact moment,
after months of persuading,
I'd finally coaxed my girlfriend
into the back seat. Pissed,

Auotomobili

>*per David Mook*

Alette posteriori, maniglie e inserti cromati,
curve ostentate e pettorute, lampeggiatori orizzontali,
sagoma lanceolata tappezzeria in blu cielo,
l'ammaccato leviatano che persuadevo a partire ogni mattina,
un trio zig-zag di fumo nero
che saltellava giù da Sycamore a Main
quando ero impiegato al New York Telephone.
Il mio migliore amico lavorava a turni irregolari
al Chevry's Stamping Plant
dipingendo griglie ed elementi di tubo alettato.
Buffalo era una città Chevry – Bel Air,
Impala, Camaros, Chevelles – macchine potenti –
Monte Carlo, V-8s, 4-cilindri doppio carburatore,
hardtop e comodi sedili,
potenza assistita, Gomme a fascia bianca da magnaccia.
La mia prima era una '69 Fury –
cerchioni in rame, sospensioni in rame, doppia camma.
Mi era costata un centinaio di dollari e perdeva
fluido dal cambio, dal raffreddamento, olio….
Il motore s'è spento nella notte sotto zero
del 3 gennaio 1977, nel momento esatto,
dopo mesi di suppliche,
in cui avevo portato la mia ragazza
sul sedile di dietro. Incazzato

I pried off the plates, siphoned the gas
and bussed home.
Later she broke up with me,
said she wanted someone reliable.
I wanted a Mustang Grande,
a sure-footed pony kicking up clouds of dust,
extra wide headlights dividing
darkness from darkness, but I'd have taken anything
with eight working cylinders
and sixteen valves. I love big engines
shoehorned into cars–
my '71 'Cuda's top-of-the-hill Hemi
with 500 foot-pounds of torque,
the Super Bee I raced each Friday
at Lancaster National Speedway,
a magnum V-8 with bumblebee stripes–
the heady mix of power and restraint,
gods sinned against and sinning,
creaks and groans of imperfection,
an amalgam of razor edges, chaste curves,
tremoring motion. I like my cars flawed–
breasts and delicate contours,
protuberances, haunches muscled,
the raucous pleasure of sex,
riots and tantrums of stylings,
dagmars and chromium grins,
surveying the corporeal landscape,
racing the perilous roads,
a democracy of grease,
the familial entropy.

ho staccato le targhe travasato la benzina
e rientrai a casa con l'autobus.
In seguito lei mi ha lasciato,
disse che preferiva qualcuno più affidabile.
Io desideravo una Mustang Grande,
un pony dai piedi fermi che scalciava nuvole di polvere,
con fanali extra larghi che dividono
il buio dal buio, però ne avrei preso una qualsiasi
con otto cilindri che funzionino
e sedici valvole. Io amo i motori grossi
infilati dentro l'automobile –
la mia '71 Cuda, super accessoriata Hemi
con 500 foot-pounds di coppia,
correvo la Super Bee ogni lunedì
al Lancaster National Speedway,
una magnum V-8 con strisce giallo nere –
l'eccitante miscela di potenza e controllo,
dei vittime e colpevoli,
cigolii e stridori dell'imperfezione,
Un amalgama di fili di rasoio, severe curve,
tremulo movimento. Mi piace viziare le mie macchine –
seni e delicati profili,
protuberanze, fianchi muscolosi,
il rantolo del sesso,
orge e capricci di stili,
giorni radiosi e cromo sorrisi,
guardando il carnoso paesaggio,
correndo strade perigliose,
una democrazia di grassi,
la familiare entropia.

Word Problem

I trusted language to lead me to a solution, but somehow
it fell short, and I never got why
my teacher would let an eleventh grade math test car
travel 144 mph in the first place,
zipping past a police cruiser tucked behind a billboard
on which I'd visualized a giant bottle of Smirnoff,
and beneath it in 12-point type: DRINK RESPONSIBLY.
Two seconds later, the cop hit the road accelerating
at 3.0 mps squared. I had to compute
how long it would take him to catch a punk
in a Black Sabbath tee-shirt, needle tracks on his arms,
cigarette dangling, a poster boy
for everything the priests in my Catholic high school
were trying to teach me not to be.
To whom, or *from* whom was he speeding,
in what suped-up pony car, and how, I thought,
could I get the pink slip to a similar set of wheels?
I imagined, in another problem, the egg and the chicken lying
the same distance from each other. In another,
I solved theta before the clock's hands concluded
their slow swivel and left me with time. I imagined
he was my prodigal twin, and the cop would never catch him.
I imagined it was raining.

Problema di parole

Speravo che il linguaggio mi portasse ad una soluzione, ma in qualche modo
mi sono disilluso in breve tempo, e non ho mai capito perché
la mia insegnante abbia proposto un test di matematica alle scuole superiori
in cui un auto viaggiava a 144 mph, innanzitutto, per poi schizzare vicino
ad una macchina della polizia nascosta dietro un cartellone luminoso
dove appariva una bottiglia gigantesca di Smirnoff,
e sotto a carattere 12: BEVI CON MODERAZIONE.
Due secondi dopo, il poliziotto si è messo in strada accelerando
a 3.0 mps quadro. E io dovevo calcolare
quanto tempo gli sarebbe occorso per agguantare un punk
in T-shirt Nero Sabbath, segni di aghi sulle braccia,
sigaretta pendente, un poster vivente
di ogni cosa che i preti della mia Scuola Cattolica
tentavano di insegnarci ad evitare.
Verso chi o *da* chi stava scappando,
in quella utilitaria taroccata, e come, pensavo
avrebbe potuto farla franca contro un simile set di ruote?
Ho immaginato, in un altro problema, un uovo e una gallina
alla stessa distanza l'uno dall'altra. Inoltre
ho trovato τ prima che le sfere dell'orologio ultimassero
il loro lento giro e così mi è rimasto ancora tempo. Ho immaginato
che lui era il mio gemello prodigo, e il poliziotto non lo avrebbe preso.
Ho immaginato che pioveva.

Metal

It starts with a warped guitar lick,
twin Gibsons hammering the progressions,
a roller coaster of ear-splitting
sixteenth notes, and the bass drum's full gallop,
a blistering, megaton blast of sound,
Wyrm of Dysphoria's, *Fourth Reich* –
"The way to a woman's heart
is through her chest"–
lyrics sung with a searing
vibrato-ridden wail.
No teenage misfit pabulum,
just chaos and histrionics,
like my own hysterical screaming
when I used to race the abandoned
quarter-mile stretch of Ohio Street
with my headlights off.
I'm a sucker for goth-punk
and the fireworks of thrash metal,
weaned on goats and pentagrams,
a throwback to the frenzied
hard-core 'bangers who first grasped
the edge of a smoky stage and shook their heads
to breakneck rhythms, buzz-saw chords,
the gruff flailing of Metallica's
Kill 'Em All. Years ago,
I donned black leather,
black tees, spikes and bolts,
or sometimes dressed like a member
of a makeup-laden glam band–
The Clash, The Fall, The Plasmatics–
dyed my hair orange.
I loved the gobbing of spastic toughs

Metallo

Comincia con un assordante colpo di chitarra,
i gemelli Gibsons che martellano le progressioni,
una montagna russa di semicrome che spaccano
i timpani, e il galoppo sfrenato della grancassa,
un urticante esplosione di megatoni,
Fourth Reich dei Wyrm of Dysphoria –
"La via per il cuore di una donna
passa per il suo seno" –
parole cantate con un guaito che si spegne
dentro il fluttuare delle vibrazioni.
Nessun messaggio per disadattati,
solo caos e istrionismo,
come il mio urlare isterico
quando correvo sull'abbandonato
quarto di miglio della Ohio Street
a fari spenti.
Io impazzisco per il punk gotico
e i fuochi d'artificio del trash metal,
venuto su tra eccessi e pentagrammi,
un sorpassato agli occhi dei forsennati
estremisti "assordatori" che hanno iniziato
su un fumoso palcoscenico e scuotono la testa
a ritmi scatenati, stridii di corde,
al rauco flagellare di *Kill 'Em All*
dei Metallica. Anni fa,
indossavo pelle nera,
camicie nere, chiodi e borchie,
o qualche volta mi vestivo come quelli
di bande affascinanti e truccatissime –
The Clash, The Fall, The Plasmatic –
mi sono pure tinto i capelli di arancione.
Mi piaceva tutto il pattume dei delinquenti spastici

in Conan-like togs
tearing their vocal chords to shreds
on some virulent strain of doom.
"Die! Die! Die!" was an anthem, shrieked
over sludgy riffs and rolling drums
by front men with inverted crosses
branded into their foreheads,
a clamor that sounded like torture
in some suburban garage.
Anthrax, Slayer and Poison
and Judas Priest took their cues
from Goethe and Nietzsche's apocalyptic rantings,
a respite from the Valium-popping,
strip mall era of my youth.
Satan was well spoken for,
but God got into the mix
with a west coast band called Stryper.
On a whim, I bought a ticket
and watched as the lead guitarist threw
a crate full of Bibles into the pot-smoking crowd
rocking to a jacked-up *Onward Christian Soldiers*.
No one seemed to mind the pro-Christ lyrics
as the rhythm attacked
and moved among us like a school of piranha
swimming out of the speakers
into our sweaty churn,
a mood more than a sound,
the feeling I got when I stared past my hood
into the darkness of the road,
the expansion of darkness
a drawn-out shudder,
living and dying joined at the hip
in that last moment before
I flicked my headlights on,
when fear gripped the back of my neck,
shook me senseless.

vestiti come Conan
che riducevano a brandelli le loro corde vocali
in un violento canto funesto.
"Muori! Muori! Muori!" un inno, urlato
con infimi riff e rullate di tamburi
verso i malcapitati con croci capovolte
impresse sulla fronte,
un baccano che pareva una tortura
in qualche garage di periferia.
Anthrax, Stayer e Poison
e Judas Priest prendevano spunto
dai discorsi apocalittici di Goethe e Nietzsche,
una pausa dall'esplosione di Valium,
un periodo nudo e vuoto della mia giovinezza.
Satana era ben testimoniato,
ma anche Dio entrò in questa confusione
con una banda della west coast chiamata Stryper.
Per un capriccio, ho comprato un biglietto
e ho osservato il primo chitarrista che tirava
un cesto pieno di Bibbie alla folla sovreccitata
dondolando al canto ammonitore *Onward Christian Soldiers*.
Nessuno sembrava interessato a quei versi pro Cristo
quando il ritmo attaccò
e mosse in mezzo a noi come un branco di piranha
che nuotava fuori dagli altoparlanti
dentro la nostra dolce agitazione,
uno stato d'animo più che un suono.
La sensazione che provavo guardando dalla macchina
nel buio della strada,
la vastità del buio
un brivido improvviso,
morire e vivere si davano la mano
in quell'ultimo istante prima
di accendere i fari,
allora la paura mi prese dietro al collo,
mi scosse e mi lasciò privo di sensi.

The Guy Who Followed the Beatles

I rode a hobby horse in 1964
while singing Slim Critchlow's *Good Bye, Old Paint*.
Miss Diane's momentum-less 1st grade recital
in Holy Name of Jesus' cramped auditorium
was aimed at diversity. She had me following
Louie Merlino, Bobby Lund, David Abbatoy
and Jimmy Krieger lip-syncing
the Fab Four's *She Loves You, Yeh, Yeh, Yeh*...
I know how Fred Kaps must have felt.
Performing after the Beatles' debut
on The Ed Sullivan Show, he shook
a granule of salt into his palm,
then poured, with fake surprise,
an "endless" supply from fist to floor.
Cards, coins, color-changing silks—Fred,
in a spotless suit and white shirt,
pulling out all the stops.
Like a BB rolling down a four-lane highway,
I learned, all those years ago, the room still buzzing
over Miss Diane's Mop Tops, how it felt to be small,
my face red, arms rising and falling
as I tugged my reins and pranced in place
for a hometown crowd that couldn't have cared less.

Il tipo che veniva dopo i Beatles

Stavo in groppa a un cavalluccio a dondolo nel 1964
mentre cantavo *Good Bye, Old Paint* di Slim Crirchlow.
La scialba recita di 1ª elementare di Miss Diane
nel piccolo auditorium del "Santo Nome di Gesù"
in cui si recitava un po' di tutto. Mi aveva messo dopo
Louie Merlino, Bobby Lund, David Abbatoy
e Jimmy Krieger che movendo le labbra facevano finta di cantare
She Loves You, Yeh, Yeh, Yeh, dei Favolosi Quattro...
Io so cosa ha provato Fred Kaps.
Entrando in scena dopo l'esordio dei Beatles
all'Ed Sullivan Show, lui mostrò
un granello di sale sulla mano,
poi, fingendo sorpresa, dal suo pugno
sparse sul pavimento una "miriade" di cianfrusaglie.
Cartoncini, monete, sete variopinte – Fred,
con un vestito immacolato e la camicia bianca,
fece ogni sforzo per dare il proprio meglio.
Come una BB in mezzo a un'autostrada a quattro corsie,
ho imparato, tutti quegli anni fa, la sala risuona ancora
sopra il Mop Tops di Miss Diane, come ci si sente ad esser piccolo,
la mia faccia rossa, le braccia su e giù
mentre tiravo le redini e facevo impennare il mio cavallo
per una folla di paesani a cui non poteva fregargliene di meno.

Between Lyrics

    i.m. Stevie Ray Vaughn, 1954–1990

Why do I care so much about the moments
when a melody lays itself down, that ineffable filling of space,
a kind of punctuation, overlapping,
strings tuned down a half-step (the perfect pitch to capture
loss, the thick, plucked repetitions of hard blues
sandwiched by words–
… my sweet little thang … my pride and joy …
my sweet little baby. I'm her little lover boy–
bass, drums, reverb, notes
played so big the spaces extend a whole universe
as Stevie steps into, then out of the song,
a ghost summoning us from the vastness, no longer breathing
air, breathing song, the spaces
so wide I lose myself.

Tra le canzoni

>*i.m. Stevie Ray Vaughn, 1954–1990*

Perché mi prende tanto l'attimo
in cui una musica si affievolisce, quell'ineffabile occupazione dello spazio,
una specie di punteggiatura, di sovrapposizione,
corde accordate sopra un semitono (la tonalità perfetta a definire
una perdita, lo spessore, ripetizioni pizzicate di hard blues
intramezzate da parole –
. . . *my sweet little thang* . . . *my pride and joy* . . .
my sweet little baby. I'm her little lover boy –
basso, batteria, risonanze, note
suonate in spazi così grandi che si estendono a tutto l'universo
mentre Stevie entra dentro e poi fuori dalla canzone,
un fantasma che ci chiama dall'immensità, e non respira
l'aria ma la musica, gli spazi
così vasti che mi perdo.

FOUR
HARD PASSAGE

QUATTRO

Passaggio difficile

Shiver

A milk snake skims the linoleum,
gray daubed with crimson and black,

the pattern boldly shrunk
to a triangled head. Instinct demands

I open a door and heave it
toward the firewood stacked

beside my house. Instead,
I watch it curl on the countertop,

bread crumbs tacked to its scales,
descend the ladderback

to my carpet. Transfixed, I think
of Bobby Lund, a childhood bully,

gap-toothed and wiry,
how his hooded eyes held me

as I watched his arm uncoil,
unable to dodge his bony fist,

the sound of my nose cracking,
my white Keds and the pavement spotted.

Never mind that he socked me
for no reason I remember,

that later we'd be friends.
For years

Brivido

Un serpentello striscia sopra il linoleum,
grigio screziato di cremisi e di nero,

spavaldamente raccolto,
la testa a forma di triangolo. L'istinto vuole

che io apra la porta e che lo getti via
sopra la legna accatastata

vicino alla mia casa. Invece,
lo guardo arrotolarsi sopra il pavimento,

mangiare molliche fissate alle sue scaglie,
discendere la spalliera della sedia

fino al tappeto. Paralizzato, penso
a Bobby Lund, un bullo dell'infanzia,

nerboruto e con i denti radi,
a come i suoi occhi socchiusi mi rapivano

mentre vedevo stendersi il suo braccio,
incapace a schivare il pugno ossuto,

al rumore del mio naso rotto,
alle macchie per terra e sulle mie Keds bianche.

Non me n'è mai importato molto dei suoi colpi
e non so dirmi ancora la ragione,

più tardi saremmo diventati pure amici.
Per anni

I felt the force of that punch,
the streetlight's glare

off his checkered shirt
skating from the darkness ...

that knot of apprehension
for the ineffable, uncontained

impulse of another
restless being, another writhing

question mark,
slipping through the floorboards

into the ground beneath me.

ho risentito la forza di quel pugno,
il bagliore delle luci nella strada

sulla sua camicia a scacchi
che scivolava fuori dal buio…

quel nodo di apprensione
per l'indicibile, incontenibile

impulso di un altro
essere inquieto, di un altro contorto

punto di domanda,
che scivola attraverso le assi del pavimento

nella terra sotto di me.

Premature Gods

> *A vampire walks into a bar and orders a drunk.*

During the '50's, fangs filled the screen.
Christopher Lee grinned broadly,

an aging Karloff fed only on those he loved,
and Maila Nurmi vamped in *Plan 9*

beside the ailing Bela.
When Lugosi was younger, he perfected

the single arched brow and famous
Transylvanian accent—*Cheeldrun of da night,*

wat sweet music dey mike—
the grim shadow of his eyes extending

the moment his vampire revealed
its predatory nature.

                        Think of it—
the cold hand on your shoulder,

the stately menace of a pale, glamorous stranger
offering you a glass of dark, red wine.

His fate is to find in his victim's death
no warming consolation.

Spectral, rapacious,
prowling the edge of a good time, he stalks

some crisis of indecision.
Will you ride? Will you walk?

Dei prematuri

   Un vampiro entra in un bar ed ordina da bere

Negli anni '50, i canini riempivano lo schermo
Christopher Lee sogghignava a tutta bocca,

un invecchiato Karloff succhiava soltanto donne amate,
e Maila Nurmi seduceva in *Plan 9*

accanto al sofferente Bela.
Quando Lugosi era più giovane, perfezionò

la posa arcuata del sopracciglio alzato ed il famoso
accento della Transilvania – *Cheeldrun of da night,*

wat sweet music dey mike –
l'ombra sinistra dei suoi occhi dilatati

quando smascherava l'istinto
sanguinario del vampiro.

Pensaci –
la fredda mano sopra la tua spalla,

la raffinata insidia del pallido, affascinante straniero
che ti offre un calice di scuro, rosso vino.

Fatalmente gli è impossibile trovare conforto
nella morte delle vittime.

Spettrale, rapace,
furtivamente in cerca del momento buono, passa

attraverso qualche indecisione.
Ti metterai a correre? Andrai piano?

If We Were Trees

You would be a young Totara, love,
flare-skirted, rising from the undergrowth.

I'd doubtless be a Rata–
Metrosideros robusta–

inoffensive seed a bird would digest
perched in the crook of your branches.

Then I would pass through,
start to grow, flower

scarlet in spring and reach for you,
our limbs entwining.

My coiling vines would seem
safe–until you realized

they crept down from above, umbrella-ed,
massing, encasing you. We would be

two serpents wrestling in the same garden.
After two hundred years,

you would vanish completely inside me.
I'd assume the form of an ordinary tree,

and you would be the hollow
inside my massive trunk.

Se noi fossimo alberi

Tu saresti una giovane Totara, amore,
circondata di luce, nascente dalla terra.

Io sarei senza dubbio una Rata –
Metrosideros robusta –

innocuo seme che un uccello potrebbe digerire
appollaiato nell'incavo di un ramo.

Così mi infiltrerei,
comincerei a crescere, fiorirei

scarlatto a primavera e giungerei sino a te,
i nostri rami intrecciati.

I miei contorti rampicanti non avrebbero niente
da temere – finché non capirai

che arrivano dall'alto, a forma di un ombrello,
aggrovigliati, e ti rivestono. Saremmo

due serpenti in lotta nello stesso giardino.
Dopo duecento anni,

tu svaniresti del tutto dentro me.
Io assumerei la forma di un albero normale,

e tu saresti il cavo
dentro il mio tronco massiccio.

Totara è il nome, inglese, di un albero di conifere della Nuova Zelanda (Podocarpus Totara); Rota è anch'esso il nome inglese di un rampicante boscoso e di un albero sempre verde della Nuova Zelanda (Metrosideros robusta)

Schiele's Flesh

Naked bodies dangling in space
like marionettes, pale veins

drawn inward from the periphery.
Ochre pools

in subtle mounds and valleys,
a denser shade

for knuckles, elbows, nipples reddened
to the point of blackness.

Picture after picture, they fuck
in pairings so frenzied, it's hard to tell

male from female.
A decapitated torso is all vagina,

her lover clutching his penis like a blade.
Egon's palette

of splayed corpses coupled
in garish blocks of gouache,

jagged and boxy, erratically cropped,
pinned to the canvas like insects,

cosmeticizing halos like shed skin,
pudenda scribbled in pencil

he held to a candle's flame.
The softer lead yields darker lines.

Carnalità in Schiele

Corpi nudi appesi nello spazio
come marionette, pallide vene

contratte verso l'interno.
Pozze color ocra

tra rarefatte montagnole e valli,
un'ombra più densa

per nocche, gomiti, capezzoli di un rosso
che tende verso il nero.

Quadro dopo quadro, scopano
con congiungimenti così frenetici, da rendere difficile

distinguere maschile e femminile.
Un torso acefalo è tutto una vagina,

ed il suo amante impugna il pene come una spada.
La tavolozza di Egon

di cadaveri distesi accoppiati
in luminosi blocchi di guazzo,

spigolosi e squadrati, irregolarmente contornati,
posati sulla tela come insetti,

aloni resi come pelle effusa,
sessi scarabocchiati a matita

lui la reggeva a lume di candela.
La grafite più tenera traccia le linee più scure.

Hard Passage

Helicopters chuff overhead,
throbbing through waves of heat,
thunderous intersections,
dust rising in sudden circles,
packed with stones that stick,
like non pareils,
to the shirts of young boys
sitting in the open air,
covering their ears to block
the sound of artillery, gunshots
delivering democracy.
They sharpen knives.
Some carry bullets
lodged in their thighs.
Some haven't eaten in days.
When the noise dies down, they sing
long, high-pitched prayers
to their fathers, mothers, to all those
Death led steadily away.
They sing about the hard passage
between two worlds.
They sing about lost chances
while the hillsides show their vultures.

Passaggio difficile

Elicotteri che rombano sopra la testa,
pulsando attraverso ondate di calore,
fragorosi incroci,
polvere che si alza in improvvisi vortici,
frammista a brecce che s'appiccicano,
come confetti,
alle camicie di ragazzi
seduti all'aperto,
con le mani alle orecchie per attutire
il frastuono dell'artiglieria, dei colpi di fucile
apportatori di democrazia.
Affilano coltelli.
Alcuni hanno pallottole
conficcate nelle cosce.
Alcuni non mangiano da giorni.
Quando cessa il rumore, cantano
lunghe preghiere levate in alto verso
i loro padri, le madri e tutti quelli
che la Morte ha ormai portato via.
Cantano del loro arduo passaggio
attraverso due mondi.
Cantano dell'ultima occasione perduta
mentre dal pendio occhieggiano gli avvoltoi.

Reliquary

A bugler sounded *Deguello*,
and Santa Anna, standing outside the Alamo,
epaulets glinting in the moonlight, gave no quarter.

He was defeated by a smaller *Texian* force
at San Jacinto, captured wearing silk pajamas,
stoned on opium, betrayed by the Yellow Rose.

He lost his leg at Veracruz in a battle with the French,
and Grenadiers in bearskin hats carried it
through the streets of Mexico City,

the limb embalmed, loosely wrapped in a flag–
white, green, red, colors of the *Trigarante*,
of purity, freedom and union–

as he waved, drunkenly, from his terrace,
and the throng beneath him wildly cheered,
and soldiers in ordered pairs stepped smartly

in the morning's bright erasure,
marching toward the Pantheon of Saint Paula
where the limb would be laid to rest,

and mariachis in straw sombreros
and charro suits, brightly sequined, played *corridos*
to honor his passing leg,

a covered stump held aloft,
soft fabric fluttering in a hot breeze,
the memory of cloth against skin.

Reliquario

Il trombettiere suonò il *Deguello*,
e Santa Anna attestato fuori Alamo,
spalline luccicanti al chiaro di luna, non usò misericordia.

Era stato sconfitto da un più piccolo esercito texano
a San Jacinto, catturato in pigiama di seta,
fatto di oppio, tradito da Yellow Rose.

Lui perse la sua gamba a Veracruz nella battaglia contro i Francesi,
e i Granatieri coi colbacchi di pelle d'orso la portarono
attraverso le strade di Mexico City,

la gamba imbalsamata, avvolta alla meglio in una bandiera –
bianca, verde, rossa, colori della *Trigarante*,
di purezza, libertà e alleanza –

mentre salutava, ubriaco, dal suo balcone
e la folla da sotto applaudiva entusiasta
e i soldati con eleganza si muovevano disposti a due a due

nel vivido scemare del mattino,
marciando verso il Pantheon di Santa Paula
dove la gamba sarebbe stata accolta,

Mariachi in sombreros di paglia
e rustici vestiti, sgargianti di colori, facevano *corridos*
rendendo onore alla gamba che passava,

aleggiava dal moncone coperto dal drappo,
sottile tessuto fluttuante nel vento caldo,
la memoria di un panno contro la pelle.

Still Point

He writes the first line as the sun rises
above the top of his desk.
Halfway through, the stars blink on,
the trees are snagging moonlight.
A shadow rolls down his arm,
across the width of the page, while he sits
in his circle of light and ponders
how distance and time conspire,
how days fast-forward into weeks, months,
a fistful of years in no time at all.
With each stanza it seems
someone new arrives in his life,
or gets subtracted from the catalog
of people he's supposed to love—
his mother, his daughter . . . He can't be sure
who is elegy, who is ode. How alike they both are
to the women in Vermeer's interiors—
there, but not there,
reading, staring, heedless of how he tries
to hold on to them
when each day a little more of them leaves.
Full from dinner and cigarette smoke,
he sits down again, this time to write
of the way his daughter holds herself in sleep,
and how, when his wife combs her hair,
strands of light fall from her head and cling
to her knitted skirt. But even as he does,
he can feel his family darkening,
the way the day has darkened.
He is writing himself away from them,
drifting like a sentence into white space.
He can barely see their faces.

Punto Morto

Lui scrive la prima riga mentre sorge il sole
sul piano del suo scrittoio.
Giunto a metà, lampeggiano le stelle,
la luce della luna si impiglia in mezzo agli alberi.
Un'ombra gli scivola sul braccio,
attraverso la pagina, mentre lui siede
nel suo cerchio di luce e medita
come cospirino il tempo e la distanza,
su come i giorni avanzino veloci in settimane, mesi,
una manciata d'anni in un istante.
Per ogni strofa gli pare
che qualcuno mai visto entri nella sua vita
oppure che ritorni qualcuno tra la lista
della gente che ha creduto d'amare –
sua madre, sua figlia… Lui non sa con certezza
chi sia elegia e chi ode. Tanto simili entrambe
alle donne degli interni di Vermeer –
ancora là, ma nello stesso tempo altrove,
leggendo, osservando, dimentico dei suoi sforzi
a trattenerli
mentre ogni giorno
un poco più di loro si allontana.
Sazio del pasto e fumo di sigarette,
lui siede ancora e questa volta scrive
di sua figlia e il suo modo di dormire,
di sua moglie che pettina i capelli,
strisce di luce scivolano dalla testa sino
alla sua gonna di lana. Però persino adesso,
può sentire la famiglia svanire
mentre svanisce il giorno.
Mentre scrive si allontana da loro,
come una frase alla deriva nello spazio bianco.
A malapena riesce a vedere i loro volti.

Close Enough

You'd tell her everything, wouldn't you?
What you think about happiness,
how it always seems to wear itself out, how you feel
you're never the cause of your own good fortune.
No holding back the catharsis–
your mother's ambivalence, your father's violent
temper, that uncaged dragon flying through your dreams.
As if not laying waste to your life
each time you spoke to her would render
conversation useless. Everyone wants to get inside
everyone else. Who this? Why that?
What went down in the course of your life?
And she's no different, desiring to see you
reveal your wounds, your flaws,
less for anything she might say or do to heal you
than for the way she simply listens,
merciless in her sympathy, like someone inching past
a car wreck, staring with practiced pity
at the half-naked corpses.
Isn't it enough that the bodies remember?
The worst of all things, this sitting beside her
in couples therapy, exposing,
in the name of trust or love, your every mystery,
excised for the sake of someone else's
version of intimacy, knowing she'd feel betrayed
if you kept even the slightest thing
to yourself, risking what you've always protected,
a safe place to hide. In that cold courtroom,
the levees break. Your wild heart is tamed.

Vicino abbastanza

"Le diresti tutto, non è vero?"
Quello che pensi sulla felicità,
come ogni giorno sembra logorarla, come credi
che il tuo proprio bene non dipenda poi da te.
Adesso è l'ora della catarsi –
l'ambiguità di tua madre, il temperamento violento
di tuo padre, il drago sprigionato che vola nei tuoi sogni.
Per non rovinare la tua vita
con lei parlavi di argomenti futili.
Ognuno ama guardare
dentro gli altri. Chi è? Perché è così?
Cosa è successo durante la sua vita?
E lei non è diversa, con il suo desiderio di sapere
le tue ferite nascoste, le tue crepe,
non tanto con le cose che lei può dire o fare per guarirti,
quanto con l'ascoltarti solamente,
spietata nella sua tenerezza, come chi si accosta
a un auto devastata, e guarda con pietà di circostanza
i morti seminudi.
Non è sufficiente che i corpi si ricordino?
La cosa peggiore, questo stare seduto accanto a lei
nella terapia di coppia, svelando,
in nome della fiducia e dell'amore, ogni tuo segreto,
tranne – per rispetto a qualcun altro –
le descrizioni dell'intimità, sapendo che si sentirebbe tradita
se tenessi per te anche la più piccola cosa,
rischiando quello che hai sempre protetto,
un luogo sicuro in cui nasconderti. In questa fredda sala,
l'udienza si interrompe. Il tuo cuore selvaggio è ormai domato.

NOTES

Specialties of the House. Inspired by Felipe Fernández-Armesto's *Near a Thousand Tables*, The Free Press, New York, London, Toronto, Sydney, Singapore, 2002 and James Lilek's *The Gallery of Regrettable Food*, Crown Publishers, New York, 2001.

Grünewald's Body of Christ. The book mentioned is *Evil, Sexuality, and Disease in Grünewald's Body of Christ* by Eugene Monick, Spring Publications, Dallas, TX, 1993.

Like God. The American Edition of *The Oxford Dictionary and Thesaurus*, Oxford University Press, 1996, defines Stoichiometry as "1 the fixed, usu. rational numerical relationship between the relative quantities of substances in a reaction or compound. 2 the determination or measurement of these quantities."

Metal. The inspiration for this poem came from Ian Christe's *Sound of the Beast: The Complete Headbanging History of Heavy Metal*, Harper Entertainment, New York, NY, 2003.

Premature Gods. The film references in this poem came from Gordon Melton's *The Vampire Book: The Encyclopedia of the Undead (Completely "Revamped")*, Visible Ink Press, Canton, MI, 1999. The first line of the third couplet refers to Karloff's portrayal of an aging vampire in "Wurdulak," a segment from Mario Bava's classic horror trilogy, *Black Sabbath*, which actually came out in 1963.

If We Were Trees. I owe the existence of this poem to Thomas Pakenham's *Remarkable Trees of the World*, W.W. Norton & Co., New York & London, 2002.

Schiele's Flesh. Based on the art of Egon Schiele, 1890–1918.

Reliquary: Deguello, played by the Mexican army bands on the morning of March 6, 1836, was the signal for Santa Anna's attack on the Alamo. The word signifies the act of beheading or throat-cutting and means no mercy for the enemy.

NOTE

Specialità della casa. Ispirata a *Near a Thousand Tables* [*Circa un migliaio di tavolate*] di Felipe Fernández-Armesto, The Free Press, New York, London, Toronto, Sydney, Singapore, 2002 e a *The Gallery of Regrettable Food* [*La galleria dei cibi spiacevoli*] di James Lilek, Crown Publishers, New York, 2001.

Il corpo di Cristo di Grünewald. Dal libro *Evil, Sexuality, and Disease in Grünewald's Body of Christ* [*Peccato, sessualità e malattia nel corpo di Cristo di Grünewald*] di Eugene Monick, Spring Publications, Dallas, TX, 1993.

Come Dio. L'edizione americana di *The Oxford Dictionary and Thesaurus* [*Oxford dizionario e sinonimi*], Oxford University Press, 1996, definisce la Stechiometria come "1 Il prefissato impiego di razionali relazioni numeriche tra le quantità di sostanze in una reazione o composto 2 la determinazione o misura di tali quantità".

Metallo. L'ispirazione per questa poesia viene da *Sound of the Beast: The Complete Headbanging History of Heavy Metal* [*Suono bestiale: la storia completa degli Heavy Metal*] di Ian Christe, Harper Entertainment, New York, NY, 2003.

Dei prematuri. Le notizie sui film in questa poesia sono attinte da *The Vampire Book: The Encyclopedia of the Undead (Completely "Revamped")* [*Il libro dei vampiri: L'enciclopedia dei morti vivi (completamente rimodernata-)*] di Gordon Melton, Visible Ink Press, Canton, MI, 1999. La prima riga della terza coppia di versi fa riferimento ad una scena in cui Karloff interpreta un invecchiato vampiro in "Wurdulak," una parte dalla classica trilogia dell'orrore, *Black Sabbath,* di Mario Bava, uscito nel 1963.

Se noi fossimo alberi. Sono debitore per la stesura di questa poesia a *Remarkable Trees of the World* [*Straordinari alberi nel mondo*] di Thomas Pakenham, W.W. Norton & Co., New York & London, 2002.

Carnalità in Schiele. Basata sull'arte di Egon Schiele, 1890–1918.

Reliquario. Deguello, suonata dalle bande dell'esercito Messicano la mattina del 6 Marzo 1836, era il segnale dell'attacco di Santa Anna ad Alamo. La parola indica l'atto di decapitare o tagliare la gola e significa nessuna misericordia per il nemico.

About the Author

MICHAEL LASORSA STEFFEN is the author of one previous collection of poems, *No Good at Sea* (Legible Press, 2002). His manuscripts have been shortlisted for several national book contests, and his poems and critical prose have appeared in a wide variety of journals, including *Poetry, Potomac Review, The Ledge, Poet Lore, Rhino*, and many others. In 2002, Michael was granted a Fellowship from the Pennsylvania Council on the Arts. He is a Y2K graduate of the MFA in Creative Writing Program at Vermont College and currently resides in Roseto, Pennsylvania.

About the Translator

PAOLO RUFFILLI was born in 1949. Attended the University of Bologna, where he studied modern literature. After a period of teaching, he became editor with the publisher Garzanti in Milan, and is presently the general editor of the Edizioni del Leone in Venice. Beginning in 1972, he has published nine volumes of poetry. The more recent include: *Piccola colazione* (1987, American Poetry Prize; *Like it or not* (Bordighera Press, 2007]), *Diario di Normandia* (1990, Montale Prize), *Camera oscura* (1992), *Nuvole* (1995), *La gioia e il lutto* (2001, Prix Européen; in English translation *Joy and Mourning*, Dedalus Press, 2004), and *Le stanze del cielo* (Marsilio, 2008). He has also published the story books *Preparativi per la partenza* (2003) and *Un'altra vita* (2009), essays, novels, and translations from English. Poems and reviews in English can be found on his website: www.paoloruffilli.it.

THE BORDIGHERA POETRY PRIZE

Announcing an Annual Book Publication Poetry Prize

Sponsored by
THE SONIA RAIZISS-GIOP CHARITABLE FOUNDATION
Offering a $2,000 Prize to an
American Poet of Italian Descent

GUIDELINES FOR COMPETITION

• *The prize, consisting of book publication in bilingual edition by Bordighera, Inc., is dedicated to finding the best manuscripts of poetry in English by an American poet of Italian descent, to be translated upon selection by the judges into quality translations of modern Italian for the benefit of American poets of Italian ancestry and the preservation of the Italian language. Each winning manuscript will be awarded a cash prize of $1,000 to the winning poet and $1,000 for a commissioned translator.* The poet must be a US citizen, but the translator may be an Italian native speaker, not necessarily a US citizen. The poet may translate his/ her own work if bilingually qualified. *Submission may be made in English only or bilingually.*

• The poet must submit **TWO** *copies of 10 sample pages of poetry in English on any theme*. Quality poetry in any style is sought. Universal themes are welcome. The final book manuscript length should not exceed 48 pages since, including the translations, the published, bilingual book will be 96 pages in length. To give the translator time to complete the work, the entire winning manuscript will not be due for at least 6 months after selection of the winner.

• The 10 sample pages of poems in English IN DUPLICATE should be on white 8 1/2 by 11 standard paper, clearly typed and photocopied. (Single spaced except between stanzas with no more than one poem to a page, though a poem may run on to more than one page.) Be sure to label all pages with titles of poems and number them from 1 to 10. *The applicant's name should NOT appear on any poetry pages.* Staple the pages securely together and *attach a cover page to each of the two copies with name, address, telephone, e-mail if applicable, and brief biographical note of the author. The remainder of the manuscript should be anonymous.* Poems contained in the submission may have appeared in literary magazines, journals, anthologies, or chapbooks. Include an acknowledgments page if applicable.

THE BORDIGHERA POETRY PRIZE

GUIDELINES FOR COMPETITION
(continued)

• *If poems have already been translated into modern Italian, submission of a bilingual sample is encouraged* making a 20 page sample with a translation page following each English page. Include name and biographical note of translator on the cover pages.

• *Manuscripts will be judged anonymously.* The distinguished judge for the 2009 and 2010 awards is **Patricia Fargnoli.**

• Applicants should retain copies of their submission, which will not be returned.

• *Submissions must be postmarked by May 31st each year.* **Mail to:**

> Founders: Daniela Gioseffi & Alfredo de Palchi
> **Bordighera Poetry Prize, Anthony J.Tamburri, Publisher**
> **c/o The John D. Calandra Italian American Institute**
> **of Queens College, City University of New York**
> **25 West 43rd Street, 17th Fl.**
> **New York, NY 10036**

• Include a *self-addressed stamped business-sized envelope* for notification of the winners.

• For acknowledgment of receipt, send a *self-addressed postcard*.

• The decision of the judges will be final. Winners will be announced by November each year.

• Bordighera, Inc. and the judges reserve the right not to award a prize within a given year if no manuscripts are found to be eligible for publication.

• The author and translator will share in the royalties in the usual amount of a standard book contract to be drawn between Bordighera, Inc. and the author and translator.

www.ingramcontent.com/pod-product-compliance
Lightning Source LLC
Chambersburg PA
CBHW061447040426
42450CB00007B/1249